观课议课与教师成长

陈大伟 著

中国人民大学出版社
· 北京 ·

图书在版编目（CIP）数据

观课议课与教师成长 / 陈大伟著 . -- 北京：中国人民大学出版社，2022.11

ISBN 978－7－300－31227－9

Ⅰ. ① 观… Ⅱ. ① 陈… Ⅲ. ① 课堂教学—教学研究 Ⅳ. ① G424.21

中国版本图书馆 CIP 数据核字（2022）第 212642 号

观课议课与教师成长

陈大伟　著

Guanke Yike Yu Jiaoshi Chengzhang

出版发行	中国人民大学出版社		
社　　址	北京中关村大街 31 号	**邮政编码**	100080
电　　话	010－62511242（总编室）		010－62511770（质管部）
	010－82501766（自营网店）		010－62514148（明德书店）
	010－62515195（销售部）		010－62515275（盗版举报）
网　　址	http://www.crup.com.cn		
经　　销	新华书店		
印　　刷	北京华宇信诺印刷有限公司		
开　　本	720 mm × 1000 mm　1/16	**版　　次**	2022 年 11 月第 1 版
印　　张	13.25　插页 1	**印　　次**	2025 年 11 月第 8 次印刷
字　　数	190 000	**定　　价**	68.00 元

目录
Contents

| 下篇 |　回顾：过程与成果

前　言

2010 年第 9 期的《人民教育》在回顾创刊 60 年（1950—2010 年）来报道过的最有影响力的事件与人物时，把“观课议课”列为 33 个“最有影响力的事件”之一。文章中给出的理由是：“2006 年第 7 期《人民教育》发表了看似平常的两篇文章《探寻一个敞亮的教学视界——记一次现场议课活动》《为了教师的批判精神——关于‘观课议课文化’的对话》，结果，‘观课议课’一词在短短几年内迅速在全国走红，并被学校广泛采纳。原来，从听课评课到观课议课，并不只是词的变化，而是教研文化的变革……它强调平等、开放，是对单向的、权威的听课评课文化的反叛，适应了新一轮课程改革潮流的需要。”①

2021 年 1 月 6 日的《中国教师报》梳理了在实践领域深刻影响一线教师、引领教学改进的概念，“观课议课”与“三维目标”等 16 个概念榜上有名。文章中有对观课议课的推荐语——“基于改善教研和教学生活的目的，观课议课强调如下观念：‘改善生活的实践观’‘以学论教的质量观’‘促进思想的发展观’‘成长创造的幸福观’‘相互滋养的生态观’‘境脉特征的真理观’‘促进理解的对话观’，这构成了当下观课议课文化的整体框架和理想愿景，并由此构造观课议课的实践策略，积淀观

①《人民教育》编辑部.《人民教育》创刊 60 年报道过的最有影响力的事件与人物（1950— 2010）[J]. 人民教育，2010(9): 10.

课议课的实践品性。”[①]

《人民教育》和《中国教师报》的认同，让我们意识到研究与推广观课议课责任重大，意义深远。

近几年，尽管受到新型冠状病毒肺炎疫情的影响，各地观课议课的培训活动受到限制，但学校对观课议课的需求却越来越大，热情越来越高涨。在与各学校校长和教师的交流中，我感受到了他们深入学习相关理论、借鉴观课议课的实践成果的强烈愿望。在通过微信公众号“成都陈大伟”推送观课议课的相关成果的同时，我一直在思考和准备一本关于观课议课的新著作。

本书的书名之所以是“观课议课与教师成长”，是因为观课议课的优先关注点是参与观课议课的教师以及教师的专业成长，优先聚焦人的发展而不是课。我对课与人的关系有这样的理解：第一，一位教师一生要上很多节课，很难每节课都用集体教研的方式进行研究；第二，时代要求在变，国家课程标准在变，教材在变，仅仅研究课的教法是不够的；第三，学生本身的多样性和差异性决定了没有适合所有教学情境的课；第四，教师是专业人员，有选择在自己的课堂上“教什么”和“怎么教”的专业权利，教师应该为自己的课堂教学承担思考和选择的责任；第五，教师有专业发展的需要，教师获得专业发展的一条重要的途径是进行课程与教学研究，教师需要通过独立的课程与教学研究增长自己的实践性智慧。教师的工作是育人，育人首先要育己。“君子务本，本立而道生。”教师把自己培养成才了，教育学生才有基础。观课议课主要定位于人的发展。我认为，教师有了积极性，并且经过专业上的发展，有了研究和解决课堂教学问题的能力，就能想办法解决今后在课堂上遇到的各种问题，提高课堂教学质量。成长至上是教师理解和实践观课议课真正的“钥匙”。

基于促进教师专业成长的核心目标，我们可以从以下角度来理解观

---

①《中国教师报》编辑部. 20 年，那些影响教学改进的概念 [N]. 中国教师报，2021－01－06.

课议课：从定位来看，观课议课是以课程为对象、以课堂为载体的有关教师专业发展的理论与实践；从发展内容来看，观课议课关注全人型（信念与积极性、思维与选择、行为与效果等）的教师发展；从发展方式和途径来看，观课议课强调以教师为本，促进专业发展走向自组织；从实践效果来看，观课议课简便易行，已经得到了一线教师的广泛认同。

本书分为上、中、下三篇。

上篇是“推进：理念与实践”，主要包括观课议课新理念、观课议课有效实践、观课议课实践工具与推进方案，这是近年来观课议课理论和实践成果的精要。观课议课如何体现师生关怀？如何更有质量地观察课堂？如何更有成效地讨论课堂？如何用观课议课做案例研究与行动研究？如何通过观课议课改善教学？如何做区域的观课议课推进工作？如何参与、组织观课议课比赛？通过精读精研这部分内容，大家不仅可以对这一系列问题有新的理解，获得新的能力，而且可以更新已有的教育观念，改善已有的教学思维、教学策略和教学方法。

中篇是“观课议课与教师专业成长的问与答”。我选取了一线教师在观课议课实践中的新问题，并统一做出回答。“问答九”讨论了教育主张、教育信念等有关教师专业成长的深层和高阶问题，期待能引领大家进行更深层的教育思考。

下篇是“回顾：过程与成果”。算起来，从我开始关注、研究教师成长到实践、完善观课议课，已经有二十多年时间了。文章写了不少，书也出了几本，足迹遍布全国各地，但一直没有机会整体交代观课议课的来龙去脉。这本书完成了我的这个心愿。这部分内容一方面是回顾，另一方面也满足了我的愿望：期望大家从这部分内容中，不仅可以看到研究的成果——“鱼”，同时也可以看到获得这些研究成果的过程与方法——“渔”。另外，如果大家想查阅观课议课的相关成果，这部分内容也可以提供线索。

最后，要说明的是，尽管观课议课已有二十多年的沉淀，但我越来越觉得还有很多问题研究得不够透彻、表达得不够准确，有的理念的实践指导性不足……这本书可能也有这样的问题，还请各位朋友批评指正。

在和教师交流时，我常说观课议课是自己的事，期望大家把自己的事当成值得用心做的事，努力把自己的事做好，让观课议课能够对自己的专业成长、课堂教学改进有更大的帮助。同时，我还期望大家能参与观课议课的研究，增强观课议课的科学性和实践性，为更多教师的专业成长和课堂教学改进贡献智慧和力量。

上篇

推进：理念与实践

以人为本

同在共行

因思而变

一、对课堂观察的“观察”

（一）课堂观察的意义

在我看来，课堂观察具有改善教学、促进教师专业发展和助推教学研究的意义。

先看改善教学。课堂观察是对课堂教学的调查研究。所谓“没有调查就没有发言权”，通过观察课堂我们可以发现课堂教学中的问题、困境，发现学生在学习过程中的需求，发现教学活动对学生发展的意义和影响……有了课堂观察，我们就可以找出解决问题的方法，对症下药。山东省聊城市杜郎口中学的崔其升校长曾向我介绍说，他刚担任校长时，曾提着凳子把学校里所有老师的课都听了一遍（他的这种做法具有调查研究的性质）。他在调查中发现老师的课堂教学水平不高。他想，既然老师的讲课水平不高，那就不让老师多讲，干脆把课堂还给学生，因此有了“老师讲课不超过 10 分钟”的杜郎口课堂教学改革。

再看促进教师专业发展。教师主要是在课堂上、在实践中学会教学的。教师进行课堂观察时不仅可以研究和理解学生是如何学习的，教学目标是如何确定和实现的；还可以观察其他教师如何研究和处理教材，如何发起和组织学习活动，如何应对教学意外，如何评价和引导学生……教师可以在观察中琢磨，在观察中借鉴，在观察中成长和进步，正所谓“相观而善之谓摩”。教师一方面可以观察他人（其实也包括观察自己的课堂），另一方面也可以接受和邀请他人来观察自己，从而认识课堂上的自己，改善自己的教学行为，提高自己的课堂教学水平与质量。

最后看助推教学研究。可以说，课堂上包含了教育学的所有要素。

观察本身意味着研究，观察课堂就是研究学生，就是研究教师，就是研究教育。观察课堂可以帮助我们发现教与学的规律，发现教师与学生的相处原则、方法，发现教育的影响与意义……我们从课堂观察中可以总结和提炼出教学的基本理论与策略。这些基于课堂观察的教学理论更具亲和力，更容易为实践者所理解、认同。

（二）课堂观察的维度

课堂观察的根本目的是提高课堂教学质量。影响课堂教学质量的因素有哪些？我们应从哪些方面入手提高课堂教学质量？这是每一位课堂观察者都需要回答的问题。要回答这些问题，我们就要找到课堂观察的对象和维度。

我认为影响课堂质量的因素包括教师、学生和教学凭借，其中教学凭借可以理解为人以外的教学条件和依靠。在理想的课堂教学中，教师、学生和教学凭借三者在课堂情境中互相影响，发挥出恰到好处的作用。我对这三大因素做了一下细分（需要说明的是，这里的细分只是一个框架，不是全部），我想着重阐述教师这个因素的细分内容。比如，我认为教师在课堂上的状态、能力和策略都会影响教学的质量。我在现场与教师分享时，曾有教师问："策略和能力有什么区别？"我的回答是："策略本身也是一种能力，是恰当运用能力的能力。比如，你会指导学生合作学习，这是你的能力；但什么教学内容需要学生合作学习，在什么条件下可以让学生合作学习等，就关涉你的教学策略了。"运用策略的关键在择宜，北京大学的陈向明教授在 2018 年第 8 期的《中国教育学刊》上发表了《教师最需要什么素养》，提出教师最重要的素养是择宜。在这里，策略所指的主要是教师的择宜素养。

我在长期的课堂教学实践与研究中，建构了影响课堂质量的因素框架（如图 1 所示）：

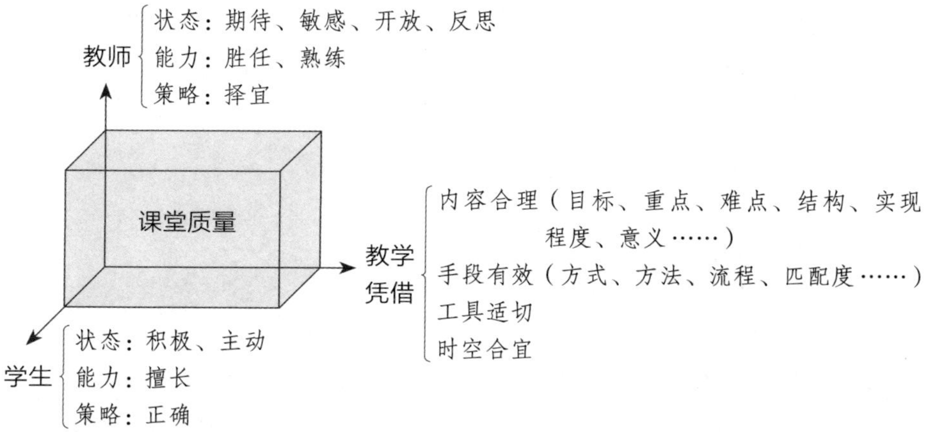

图 1　影响课堂质量的因素

图 1 在实践中有三个方面的工具价值。一是可以用于教学反思，比如，你可以看看自己在哪些方面有优势，在哪些方面有短板。二是可以用于谋划专业发展。你经过反思发现自己在教学上的短板以后，可以针对短板多下功夫，以便有所进步、有所改善。三是可以用于观课议课。我们在观课议课时可以观察此框架图中的因素，也可以观察各因素的互动关系以及它们如何相互影响。

基于对影响课堂质量因素的认识，我形成了这样的理想的课堂变革愿景："改善学生在课堂上的存在状态，提高学生的学习生活质量，让学生经历美好的课堂生活；改善教师在课堂上的生活状态，创造教师的幸福生活；对教学内容做有价值的选择和改造，培养学生的核心素养，为学生的幸福生活奠基；选择合适的教学手段和方式，实施有效教学。"基于此，我主张进行课堂观察时优先关注学生、教师在课堂上的存在、生活状态，以及学生与教师的相处和影响关系。在教学内容与教学手段的选择上，我主张优先关注教学内容对学生的价值和影响，关注教学内容的适应性、合理性和逻辑性，教学目标和教学内容的合理性追求要优先于教学手段的有效性选择。

需要说明的是，在进行课堂观察时，图 1 中所列和未列的因素都可以成为观察的维度；但我们在议课时，又需要对观察到的课堂现象进行聚焦讨论，通过聚焦找出更有意义、更有讨论价值的现象，以获得对课堂现象的深刻理解，并实现课堂观察的研究目的。我期望聚焦能带来深入，深入能成就研究。

（三）课堂观察的工具

我认为课堂观察最实用的工具是人，是观察者自己。进行课堂观察时，我们要优先用好“自己”这个工具。在推进观课议课的过程中，我经常强调两点。第一，幸福是一种能力，我们要通过课堂观察提升自己进行课堂教学、课题研究的能力；要不断研究改进，提高自己课堂观察的质量和水平，以更专业的方式追求更有效的专业发展，以更有效的课堂观察提高观课议课水平。第二，人因思而变，进行课堂观察时，我们要主动思考、积极思考，一方面要发挥教育洞察力研究他人，另一方面要发挥教育想象力研究自己，既要“入乎其内”理解教学，又要“出乎其外”创新教学。

除观察者自己以外，授课教师的教学设计也是很有用的观察工具。借助教学设计，我们可以了解授课教师的教学设想与意图、教学的主要内容和执行流程，可以观察、理解授课教师的预期和教学实践之间的差异，思考教学理想、教学设计与教学实践之间的有效互动关系。借助授课教师的教学设计，我们还可以减少对授课教师教学行为的误解，同时少做笔记，分出更多的精力去观察和研究课堂。

此外，在日常的教研活动中，相机也是有效的观察工具。根据不同的目的，我把课堂观察分为以下几种：一是调查研究，二是评比分等，三是锤炼磨课，四是有别于上述三种的以研究、改善教学为目的的日常教研活动（包括观课议课）。一把钥匙开一把锁，目的不同，所需的工具和量表也不同。我不太赞成在观课议课中用预定的量表对照和评价教学实践。除了一般的教学记录表外，我用得较多的工具是相机。相机可以拍下学生的作业、师生活动的情景以及有意义、有研究价值的板书等。

我个人认为，用录播教室、大数据分析等手段采集和分析课堂观察的资料，可以为课堂观察带来一些革新，可能会成为未来的一个趋势。但我们需要看到的是：镜头下的教学可能会出现更多的粉饰和掩饰行为；通过录播采集的数据未必是真实的，数据本身的可靠性需要审视。我们可以将数据作为参考，但不能唯数据论。此外，教学是极其复杂的，用技术手段形成一个教学的常模（比如，小组讨论多长时间合适，教师讲解的时间所占比例多大合适），并以此来评判一堂课是否有成功的小组合作学习，教师讲解的时间是否科学，等等，这本身违背了教育的规律。技术不能成为约束我们的枷锁。

（四）课堂观察的变革

对课堂观察的定位，我在追求和践行以下改变。

一是从批评走向建设。观课议课者应基于观察走向理解，理解授课教师的处境、条件、追求和努力，理解教学行为当下的效果和对未来的影响，理解教学的其他可能选择和价值，从而走向课程建设及教学变革。要特别提醒的是：要少做评判，多做研究和展望；要面向未来，而不是评判过去。

二是从旁观者走向助教。观课议课者坐在学生身边，他们是研究者，是一定程度上的课堂参与者和介入者，而不是纯粹的旁观者。观课议课者参与和介入的方式就是成为授课教师的助教，指导和帮助身边的学生更积极、更有质量地学习。若学校同事之间进行课堂观察，我们不赞成只是做类似“你的课有这几个优点，有那几个缺点”的客观描述和评价，而是要彼此帮助、相互支持，共同促进学生发展和进步。

三是从统一标准走向权变意识。进行课堂观察时我们面对的教师千差万别，他们有各自的成长经历和能力水平，若用统一的标准评价和要求所有教师，便背离了教育因人制宜的基本原则。在寓言《小马过河》

中，老牛能过的河，松鼠无论如何也过不了。因此，我主张课堂观察要有权变意识：从教师的实际情况出发，立足于他们的条件和潜能，观察和研究如何给他们提供他们“跳一跳”便能摘到的“桃子”。只有教师在参与的过程中感受到关怀，收获了成长，课堂观察才能成为观课议课者能够参与、乐于参与的研讨活动。

四是从要素观察走向情境观察。教育是复杂和流变的，对此，苏联教育家苏霍姆林斯基曾经有这样的感受：“教育，就其广义的理解来说，是一个受教育者和教育者都在精神上不断地丰富和更新的多方面的过程。同时，这个过程的特点是，各种现象具有深刻的个体性：某一条教育真理，在第一种情况下是正确的，在第二种情况下是无用的，而在第三种情况下就是荒谬的了。”[①] 课堂观察不能只是侧重于对课堂要素进行条分缕析的对象观察，而应是基于实际情境、实践情况进行关系观察、整体观察。因为教育真理具有这样的境脉特征，所以观课议课者要在当下的师生关系中观察，在当下教学的历史和未来发展的脉络中观察。并且，观课议课者要对观察到的课堂现象有充分的体察和分析，在交流讨论时，要基于情境、基于教育实践、基于关系的整体性。

① 苏霍姆林斯基. 给教师的建议 [M]. 杜殿坤，编译. 修订版. 北京：教育科学出版社，1984: 452.

二、观课议课要以人为本

我曾经到某地做观课议课的现场指导。事后，一位朋友在博客上写道："与陈教授交流后，我觉得他其实只能算是把课程改革中的'以人为本'的理念，贯彻到以前中小学老师们很喜欢的'听课评课'中罢了。"这位朋友有一些失望。我的表现让他感到失望，这让我感到抱歉和遗憾。但同时，我又有一种骄傲和自豪，因为观课议课最为核心的追求就是以人为本。而且我认为，什么时候我们的教育真正以人为本了，教育就是真正的教育了。我十分感谢他的评价，并认为他慧眼如炬，看到了我所推行的观课议课的本质。

观课议课如何以人为本？在我看来，以人为本分为人本、人性、人文三个方面。其中，人本是目的，人性是依据，人文是方法。

（一）观课议课的人本目的

人本人本，人是根本，它意味着人是行为和做事的根本目标和目的，人是根本力量和依靠。要将这一理念落实到观课议课中，首先需要关心人、尊重人、依靠人、发展人、满足人。是关注事还是关注人？人是否处于观课议课活动的中心？是优先关注人的发展还是课堂教学方法的一点儿改变？这些是观课议课实践者首先要思考和回答的问题。

以人为本不仅需要我们心中有人，而且需要我们看到眼前的人，并通过关怀眼前的人使以人为本的"人"具体化、现实化。比如，我们不仅要关怀当下的、身边的、课堂上的学生，而且要关怀参与观课议课活动的教师。参与观课议课的教师既包括参与观摩的教师，也包括授课教师。我们当然要尽可能引导授课教师敢于直面问题，鼓励其勇敢地授受批评，从而提高观课议课的质量。但若授课教师缺乏必要的思想准备，不能在公开场合接受批评，我们就需要首先理解和保护授课教师。

在这里，可能有“一”和“多”的关系问题。“一”是爱护和保护一位授课教师，“多”是保证参与观课议课的其他教师有所收获。有一种看法是少数服从多数，应该注重多数教师的收获，不能过多地顾及一位教师的感受。但从以人为本的角度出发，“一”不等于“零”，只要有人会受损，就不能不关心，不能不顾虑。而且“多”是由一个一个“一”组成的，从长远来看，缺乏对这一位授课教师的关心和爱护，就可能使其他教师要么不愿意成为下一个“一”，不愿意上公开课；要么在无法推托的情况下事先过度演练、远离真实；要么抱着无所谓的态度，不再用心参与，从而导致观课议课从根本上失去可持续开展的基础。无论是使授课教师不愿意上课，还是使其不用心上课、上粉饰过的课都是观课议课活动异化的结果，都是教研活动的失败。

以人为本还意味着要务人之本。人之本是什么呢？人之本是追求幸福生活。幸福生活当然需要一定的物质条件做基础，但人要获得幸福不仅要满足生理需求，还要发挥生活能力。生活能力不等于生存能力，生活能力是发现生活的意义，追寻和创造生活的意义的能力。

观课议课要致力于引导教师追求和享受幸福的教师生活，打造解放教师的文化。这种解放既有从自身过往经验中的解放，又有从专家权威话语中的解放，也有从现有课堂教学实践中的解放。这种解放不是简单的否定，而是理性的审视和批判。解放的目的是发现新的可能生活。赵汀阳在《论可能生活：一种关于幸福和公正的理论》中指出：“可能生活可以定义为每个人所意味着去实现的生活。人的每一种生活能力都意味着一种可能生活。尽可能去实现各种可能生活就是人的目的论的行动原则，就是目的论意义上的道德原则，这是幸福生活的一个最基本条件。”[①] 现实生活不等于可能生活，“因为现实生活只是可能生活的一部分，还有许多可以进入的生活是能够创造出来但尚未创造出来的。于是可能生活具有理想性，它可以在现实生活之外被理解，但必定是能够通达的（accessible）。如果一种可能生活得以实现，它就成为现实生活。但并非所有的现实生活都是可能生活的实现，而有可能只是某些愚蠢的行为偶然导致的。可能生活总是合目的的生活，否则人们不会希望它是可能的。那些糟糕的现实生活恰恰阻碍着可能生活的实现。”[②]

“我们将事物发展变化中面临的各种可能性集合称为这个事物的可能性空间。”[③] 发现更多的可能生活拓展了生活的“可能性空间”，可能生活的拓展为将创造的自由从权利转化为权力提供了可能。“真正能够保护一个人的自由的不是权利而是权力。权力是权利的实现方式，是权利的完成状态，如果不能实现为权力，权利就是没有完成的目标。”[④] 能否将权利实现为权力，受机会和可能性、意愿和态度、能力和水平等因素的影响和控制。在可能生活的空间里选择，是人将自由由权利转化为权力的一种方式。这种转化，是人的生活能力的发挥，是人的自由创造和超越。这是一种真正的人的生活。在创造和超越中，人创造了故事，重新书写了历史，实现了生活的意义和价值。“人在自由状态中所追求的满意生活就是幸福。”[⑤]

在观课议课时，我们要把授课教师上的课看成教学的现实生活，但也要明确地把它看成未来的可能教学的一种雏形。我们需要讨论它的合理性和有效性，以便更好地发挥它对未来课堂教学生活的好的影响和作用。同时，我们不能简单否定现有的课堂教学，因为在实践中很多教师还存有否定教学就是否定人的消极认知。从根本意义上讲，观课议课的

①②④⑤ 赵汀阳. 论可能生活：一种关于幸福和公正的理论 [M]. 修订版. 北京：中国人民大学出版社，2004: 148－149, 148, 116, 124.

③ 金观涛，华国凡. 控制论与科学方法论 [M]. 北京：新星出版社，2005: 3.

任务是引导参与者以现实的课堂教学为基础，研究和讨论未来的可能教学。对于在观课议课时揭示出来的未来教学的可能性，我们要进行多方比较和讨论，它不是“只此一家，别无分店”的垄断，也不是“非此即彼”的裁决。未来课堂教学的决定权和实践权终究在执教者手中，其他人不能为执教者做主，替他们决定。例外的情况是，如果参与者缺乏判断和选择的能力（比如，参与者是新教师），或者参与者对流程和方法有强烈的要求，此时议课才应将揭示更多可能性转为提供更为完善的教学方案。之所以把这种情况作为例外，是因为教学需要因人制宜，教学需要教师做主；专业自主既是教师的责任，也是教师的权利。

在长期的实践和思考中，我得出了观课议课引导教师追求幸福生活的内在机理（如图 2 所示）：授课教师的现有教学提供了观课议课的基础和平台，议课的参与者不仅要讨论现有教学的得失和改进方案，而且要发挥教学想象力，发现教学的其他可能性，以此拓展教学的选择空间；获得新的教学可能性后，参与教师可以在未来的教学实践中，根据自己的实际做出新的选择和创造，由此创新教学，获得新的教学经验和教师生活的意义。对这样有创造性的教师生活进行审美性反思，教师可以体验到生活的幸福。这样有创造性的教师生活，是值得追求并可以为教师带来幸福的。

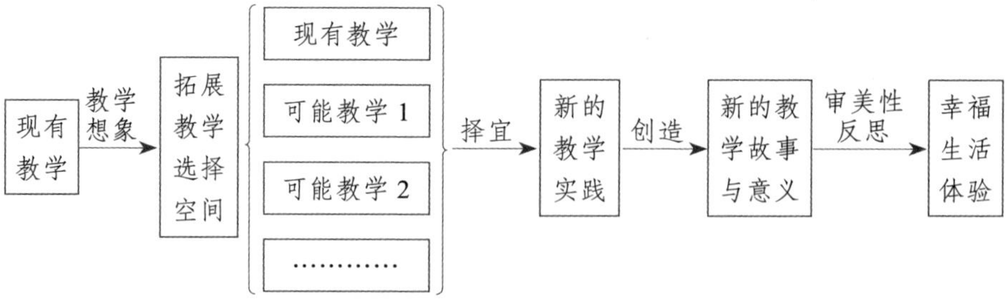

图 2　观课议课引导教师追求幸福的教学生活的内在机理

因此，观课议课的主要着眼点在于培养教师的选择意识，发展教师的选择能力，激励教师在选择中创新和超越，而不是为教师提供一套成熟的实践方案。我们认为，提供“食物”只能让接受者产生满足感，接受者没有学到真本领；参与研制“猎枪”、学习“狩猎”技术，并能自己捕获“猎物”，人才能感受到幸福，并因此受益终身。这就是“授人以鱼”与“授人以渔”的区别。

（二）观课议课的人性依据

英国哲学家大卫·休谟（David Hume）在《人性论》中指出，人性研究是对人的一切（科学、道德或宗教）进行研究的基础。人性研究本就是一个庞大而复杂的研究课题，加之每一个个体身上又各有其特殊的背景和表现，这使得系统的人性研究和论证变得困难。但这并不妨碍我们根据自己的经验和认识提出对人性的假设，并依据这种假设去协调和处理人与人之间的关系。在我看来，观课议课需要理解和认同人的自尊需要以及理性思考与选择的权利。

“人有脸，树有皮。”人固然有发展自己的需要，但人首先有确保自己安全和不受到伤害的需要。伤害分很多种，对教师来说，丢了面子、感情上受到打击往往是严重的伤害。为了避免受到伤害，人总是倾向于掩盖自己的缺陷、粉饰自己的不足，面对他人的批评大多会采取防御和抵抗的姿态。我们应理解和认同人的自尊需要，在观课议课时不仅要理解和认同参与者的自我粉饰和自我保护行为，而且需要察言观色、适可而止，防止自己过激的言语对参与者的自尊心和感情造成伤害。德国哲学家弗里德里希·尼采（Friedrich Nietzsche）说：“何为恶？侮辱他人便是恶。何为人性？不让任何人蒙羞便是人性。”

人会理性思考，会对得失进行权衡，并在权衡后根据自己所遵循的价值标准追求利益最大化。观课议课要尊重参与者理性思考的权利，并搭建交流和表达思想的平台，鼓励参与者在观课议课中积极主动地思考。议课时，我们既要防止参与者对他人思想权利的剥夺和对他人思想过程的包办代替，又要防止权威思想对实践中的草根思想的禁锢，还要防止多数人的思想对少数人的思想的压制。我们要尊重参与者的自我权衡的权利，尊重和理解他们在权衡后选择不行动的权利。我们要鼓励参与者权衡，引导参与者学会权衡，让参与者通过权衡学会选择，在选择中追求更有价值的教育教学。同时，我们还要利用参与者的权衡和自利心理引导其把观课议课当成自己的事，自觉主动地研究观课议课、改善观课议课、发展观课议课，从而更有成效地进行观课议课。

理解和尊重人性最为便捷的方法是设身处地、感同身受。《论语》有云："己所不欲，勿施于人。""己欲立而立人，己欲达而达人。""己所不欲，勿施于人"是"恕道"，它告诉我们怎样做才能尽可能避免伤害别人。"己欲立而立人，己欲达而达人"是"仁道"，它告诉我们怎么成就别人，帮助别人实现自我。在实践中我们发现，有的教师在观课议课时会拿过去自己如何厉害来说明当前的观察对象的不合理之处。将自己过去的经历作为例子，值得肯定和赞赏；但要注意的是，人毕竟具有特殊性和差异性，并且时代在发展，人所处的环境也在变化，"我"当时的处境和"他"现在的境况有所不同。美国作家弗朗西斯·斯科特·基·菲茨杰拉德（Francis Scott Key Fitzgerald）在《了不起的盖茨比》里说："在我年轻幼稚、不谙世道的年代，父亲给我的一条忠告，至今还一直在我心头萦绕。'每逢你想要对别人评头论足的时候，'他对我说，'要记住，世上并非所有的人，都有你那样的优越条件。'"① 我们的条件可能比别人优越，我们的经历和际遇可能和别人不一样。因此，我们在交流时需要站在别人当下的角度去感同身受，去理解别人、帮助别人，而不是不加思考地批评别人、否定别人。

---

① 菲茨杰拉德. 了不起的盖茨比 [M]. 姚乃强，译. 北京：人民文学出版社，2004: 3.

（三）观课议课的人文方法

观课议课中所说的人文方法是指人文思想中所蕴含的认识方法和实践方法。与科学方法强调精确性、普适性不同，人文方法注重人的感受，强调人的参与体验，往往以特定的文化价值观影响人，即所谓“以文化之”。

人文方法的特点决定了观课议课是参与者参与其中进行自我选择和自我教育的过程，而不是被他人强迫和控制的过程。强迫和控制主要是管理学的方法与技巧，它可以用于组织和实施观课议课活动，却不能用于处理议课中所产生的各种观点和意见。议课时产生的意见和建议需要提出者自己证明其合理性与有效性，以赢得其他参与者的理解和自愿选择。

人文方法以充分信任教师为基础。这种信任建立在这样的假设基础上：在可能的条件范围内，每一个人都愿意过一种更有意义的好生活，每一位教师都愿意让自己的学生学得更有成效。基于这样的假设，观课议课的任务是发现教学实践中各种可能的生活，讨论和明确其中更有意义、更值得构建的好生活，讨论可以让学生学得更有成效的理念、方法和技术。观课议课不仅想与教师探讨这样的生活，而且相信教师愿意并且能够选择更值得构建的好生活。

推进观课议课不能简单粗暴。如果参与观课议课的教师没有改造现有生活的意愿，没有对观课议课理念的理解和认同，没有对相应的方法和技术进行思考和批判，推动观课议课一定费时费力，一定虚有其表、流于形式。《道德经》说：“弱者，道之用。”“太上，下知有之。其次，亲而誉之。其次，畏之。其次，侮之。信不足，焉有不信焉。悠兮其贵言。功成事遂，百姓皆谓我自然。”人文方法是春风化雨，是润物细无声，是水到渠成，是顺水推舟。朱熹在《观书有感·其二》中写道：“昨夜江边春水生，艨艟巨舰一毛轻。向来枉费推移力，此日中流自在行。”在观课议课时，我们要使用询问、价值澄清等柔性方法，从评课的“提供思想”转向促进反思、展开教育想象的“促进思想”。参与者不要想着自己是专家，而是应以学习者的姿态倾听、理解，成就他人的成长。

文化是一种潜滋暗长的、积极主动的力量，是有所为有所不为。文化不只是一个结果，更是一个过程。文化的实质就是找到美好的、值得追求的东西，然后用这样的东西去影响人、改变人，使人变得美好。观课议课用“幸福是一种能力”促进教师参与；用“让我们一起变老”“同在共行”促进互助；用“己所不欲，勿施于人”促进宽容；用“已欲立而立人，已欲达而达人”促进成全；用“倾听是一种关怀”促进倾听；用“教育需要想象力”创造幸福生活；用“上善若水”引导参与者与人为善、成就他人、包容不同……

三、观课议课：让我们“同在共行”

美国课程理论家小威廉姆·E. 多尔（William E. Doll）在《后现代课程观》中说：“让我们共同漫游，向那‘产生于上帝笑声回音的，没有人拥有真理而每个人都有权利要求被理解的迷人的想象的王国’前行。”[①] 受其启发，我提出了“观课议课，让我们同在共行”。“同在”是一个客观事实，是一种彼此间的处境认同，是一种立场选择；“共行”是一种生活方式，是成长和进步、变革与发展的价值追求。

“同在共行”旨在建设合作的教师发展文化。持“生态取向”的教师专业发展理论认为，教师并非孤立地形成、改进教学的策略和风格，而是依赖于教学文化或教师文化；教师专业发展的理想方式是合作发展。日本教育家佐藤学认为，学校中的教学改革“最为重要并且居于中心的课题，是围绕创造性教学和教研制度形成作为专家的教师们之间互相培养的‘合作性同事’之间的关系。这种合作的同事之间的关系一日不形成，学校的改革就一日不能成功”[②]。

（一）“同”是指需要同情与支持的立场和条件

在实践中，观课议课的首要条件是授课教师愿意让观课教师“在”，也就是授课教师愿意让观课教师进入他的教室。佐藤学强调所有教师都

① 多尔. 后现代课程观 [M]. 王红宇，译. 北京：教育科学出版社，2000：序 3.

② 佐藤学. 静悄悄的革命：创造活动、合作、反思的综合学习课程 [M]. 李季湄，译. 长春：长春出版社，2003: 62.

应该开放教室："只要有一位教师封闭着教室的大门，那么，想从内部进行学校改革就是不可能的。"[①] 我们可以依靠管理措施和制度让所有教师打开教室的门，但打开教师的"心门"却十分困难。打开"心门"不仅需要观课议课的教师"在"，还需要观课议课的教师有"同"，特别是实践立场和处境的"同"。印度作家阿米塔夫·高希（Amitav Ghosh）曾说："如果说历史学家和小说家都在观察一条河流的走向，那么前者是站在河岸的观察者，后者则是水中的游泳者或一条鱼——每一刻都有一百万种选择。"[②] 观察者和实践者是有差异的，如果说观课教师是"隔岸观火者"，授课教师则可能是"水深火热者"。观课教师不能用一套外在的理想标准去评判，而是要理解授课教师，理解其实践活动的限制性条件、所做出的取舍和不得已，移情换位，将心比心地给予授课教师同情和支持。同时，观课议课的教师还要有对专业发展以及更理想教学的追求的"同"，正所谓"为了一个共同的目标，我们走到一起"。另外，观课议课的教师还要有观察研究学生学习的"同"，也就是以学生为观察对象，以改善和促进学生学习为目标的"同"。陈向明教授在日本访谈授课教师，授课教师说："以前我们被评完课后总是哭着走出教室，几百人盯着我们、批评我们，现在我们是笑着走出课堂，因为有几百双眼睛帮我们观察孩子们是如何学习的。"[③] 这里，观课议课的教师有了促进学生发展的"同"，就有了彼此的"和"和"乐"，也就有了授课教师对观课教师"在"的欢迎和接纳。

---

① 佐藤学. 静悄悄的革命：创造活动、合作、反思的综合学习课程 [M]. 李季湄，译. 长春：长春出版社，2003: 62.

② 郑少雄. 把自己作为方法，更是目的 [J]. 读书，2021(11): 42.

③ 王枏. 教育叙事探究：教师专业发展的一个支点——对话陈向明教授 [J]. 教师发展研究，2021(4): 5.

（二）“在”是指“身在”“心在”“思在”

“身在”是指观课议课的参与者身体要在课堂上。英国哲学家伯特兰·罗素（Bertrand Russell）说：“一个经常看到毛毛细雨的小孩和一个只见过热带倾盆大雨的小孩，对于同一个‘雨’字的意义会有不同的理解。”① 没有亲自在课堂上观察过、感受过、体验过，你就很难真正理解教师的实践困难，就不能正确地对实践中的教师建言献策。“心在”是指要对课堂用心用情，所谓“心在哪里，智慧就在哪里”，你要去感受、去体悟。“思在”就是要动脑思考，你要去观察、去研究，因为人因思而变。宋代哲学家邵雍在《观物篇》中说：“夫所以谓之观物者，非以目观之也；非观之以目，而观之以心也；非观之以心，而观之以理也。”孔子主张，认识人要“视其所以，观其所由，察其所安”。观课议课的“在”不只是用眼睛看、用耳朵听，还要用心灵体验和感悟，用头脑思考和判断。

（三）“共”是指开放和理解的前行方式

史铁生说：“爱的情感包括喜欢，包括爱护、尊敬和控制不住，除此之外还有最紧要的一项：敞开。互相敞开心魂，为爱所独具。”② “共”意味着爱，爱意味着走出自我，向对方开放和敞开，意味着愿意通过接受帮助和提供帮助共同前行。“共”的行进姿态是指我不认为自己已经走在你的前面，能够指点你，但我也没落在你的后面仰望你，我们一起肩并肩前行。“共”意味着彼此在开放中对话，在对话中理解。“共”意味着观课议课的参与者既理解彼此的教学价值观、用意、处境、抉择和行动；也理解教和学之间的关系，发现经验，探索规律；同时还要理解教和

① 罗素. 人类的知识 [M]. 张金言，译. 北京：商务印书馆，1983: 11.

② 史铁生. 灵魂的事：关于生命、爱情和信仰的沉思 [M]. 天津：百花文艺出版社，2005: 6.

学、教师专业发展的可能性，在理解和发现中共创未来。

（四）“行”以发展进步为目的追求

“行”是目的性的，是面向未来和动态前进的。一方面，观课议课的参与者要变批评者为建设者，建设性地参与、推动课堂变革。另一方面，教师发展优先，“行”追求所有参与者不断的、持续的专业进步。“君子务本，本立而道生”，参与者先要关注和实现自身的发展，有了自身的发展作为基础，才能影响和带动同伴的发展。

“同在共行”意味着设身处地理解对方，对对方的处境、立场和心情感同身受。“己欲立而立人，己欲达而达人。”观课议课的参与者先要放弃自己的表现欲，把舞台让出来，先让他人表达，激发、启发他人，让他人在自我发现中享受成功和快乐，从而让其赢得自尊和自信。人本心理治疗理论的创立人卡尔·罗杰斯（Carl Rogers）在晚年曾经说过这样一段话——“有一种简便的方法来形容我自己所发生的变化。在我职业生涯的早期，面对来访者我就会急急地思索：我该怎么治疗、帮助或改变这个人？现在，我面对着来访者，则会自然而然地关注于：我该怎样来提供一种关系、形成一种氛围，以使这个人可以借助这种关系和氛围，来解决自己的问题，实现个人成长。”① 新手才喜欢以帮助者和改变者的面貌出现，成熟的专家往往以自我反思和改变的促进者身份出现。观课议课可以帮助我们走向成熟，成为成熟的专家。

① 张志刚. 学校心理咨询的五大步骤 [J]. 中小学心理健康教育，2008(21): 25.

四、观课议课的文化样貌

文化是一种过程，是一种改善生活的方式与途径。“文”是找到对人的生活有积极意义的、好的、美的东西；“化”是影响和改变，是改变人思维和行为的旧方式，形成一种新方式。“化”的方式多是柔和的，是春风化雨式的，“化”的效果是能让人普遍认同并为之转变。观课议课是以文化人，是期待用我们认为值得追求的东西给教师和教研带来改变，改变参与者在听课议课时的某些行为，使其形成一些新的思维和行为方式。我们期待参与者在观课议课时形成如下思维和行为方式。

（一）人际“和”

“和而不同”出自《论语》。在我看来，“和”意味着和谐，它是差异中的同频和一致；“和”还意味着和睦，参与者彼此友善，在关爱中共生；另外，“和”也是合作，是共同、是一起，它不仅意味着参与者共同担当，也意味着参与者在活动中互相帮助。“和”是一种方式，“和”是一种氛围，“和”是一种力量，“和”也是一种境界。中国古代哲学特别注重和谐，不仅以自然和谐为真，人际和谐为善，天人和谐为美，而且把和谐作为人生的幸福境界和理想追求。“和”是观课议课提高课堂教学研究质量和效益的土壤，也是观课议课试图达成的一种理想境界。

从目标、动机来看，“和”强调参与观课议课的教师心往一处想，并为同一个目标共同努力。观课议课是以课堂教学为载体和平台，理解教学、改进教学、创新教学的对话交流活动，它的主要目标不是对已经发生的课堂教学进行判断，给出结论，而是让参与者思考和研究在未来的教学实践中，如何上出更加理想的课，以追求更加理想的课堂教学生活方式，实现更加理想的课堂教学生活。它是参与者自我成长和帮助他人成长的融合，是自助、他助和助他的互动与统一。

从行为方式来看，“和”意味着对在场的他人的理解、尊重和保护。这体现在尊重他人的发言和观点，理解他人的处境和立场，欣赏他人的思考和创造；还体现在保持开放，接纳他人，给他人机会，以成全和成就他人，共同保护参与者观课议课、讨论教学问题的积极性和主动性。

（二）求“不同”

“和而不同”的“不同”指在与周围的人保持和谐融洽的关系的同时，对待任何事情，我们都必须有自己的独立思考，不要人云亦云，不要盲目附和。“和”并不是同质，也不是没有差异，而是要尊重不同和差异。和谐的音乐是不同的声音“和”在一起的，如果没有音色、音调的差异和变化，声音就会变得单调，不能组成动听的音乐。和谐亦如美食，人们使用不同的佐料和烹调方法做成了风格各异的美食；和谐也如美景，“万紫千红总是春”，如果只有一种颜色，那就无法构成绚丽多彩的人间美景。从这个意义上讲，和谐与同一性是相对的，它是要求有差异的，是“不同”的。

求“不同”首先是基于对课堂教学本质的认识和理解。一方面，教学受多种因素影响和控制，具有发展变化的多种可能性，没有唯一的答案。另一方面，教学改进并非仅仅是一个认识问题，更是一个以认识为基础的生活改进问题。教学活动对教师具有生命价值和生活意义，生命价值的选择、生活意义的获得和创造本来就是丰富多彩的。基于教学活动的特殊性，我们需要给“不同”留空间，需要存“不同”。求“不同”意味着观课议课的目标不是在不同意见和方法的“多”中求“一”，而是在现有课堂教学方法的“一”中探讨出“多”的可能性来。“多”既为参与者的自由表达提供机会，同时也为参与者的自由创造留下空间。

单一性是生机和活力的杀手，有碰撞的思想交流才能产生新的思想火花，才能产生新的智慧。不同的观点和经验，能刺激和引起人们对原有经验的反思。观课议课的效果取决于不同的信息与经验碰撞出的讨论和反思。

参与者一方面要有“誓死捍卫你说话的权利”的意识，另一方面也要意识到自己有“不同意你说的话”的权利。参与者在尊重他人的同时，也要尊重自己，在议课时自信而不封闭，虚心而不盲从。

在观课议课中，“不同”意味着参与者独立思考，承认彼此的差异性。它强调尊重和张扬人的理性与自由精神，鼓励参与者发出“不同”的声音，尊重“不同”的方式，理解“不同”的表达，接受“不同”的结果，在尊重差异性和多样性的对话交流中激发出人的创造性与超越性。

（三）致力于“思”

法国哲学家布莱兹·帕斯卡尔（Blaise Pascal）说：“人是一根会思考的芦苇。”从本质上说，人因思而变。与评课多用句号相比，议课强调多用问号。句号用作陈述和评定，问号引起对话和反思。议课强调用问号，一方面是强调参与者通过询问达到互相理解的目的，使议课建立在彼此理解的基础上；另一方面是为了促进参与者不断“思想”，把思想从习惯的名词用法转化为动词用法。

“思想”用作名词与用作动词时的区别，与议课中“他思”与“我思”的区别是一致的：当“思想”用作名词时，参与者处于接受和消化他人思想的被动状态；当“思想”用作动词时，参与者置身其中，以更加自觉而主动的方式关注和反思自身的教学观念、行为与效果。我们之所以强调要将“思想”用作动词，强调“我思”的重要性，一是承认和强调“我”的独特价值；二是未来“我的教学”需要“我”，而不是议课中发言的他人来执行，“我思”是对“我”自己的教学负责；三是“我”的教学毕竟具有“我”的独特性，“他思”并不能真正解决未来“我”要面对的难以预料的问题，“我的教学实际”需要“我思”。

观课议课在三个层次上促进教师“思想”。首先，是尊重教师“思想”的权利，为教师的思想活动留出空间；其次，是让教师有所发现，它通过教师的“思想”过程谋求、实现议课的良好质量和效益，让教师得以在理性争辩中思考和获得更加合理而有效的教学方式；再次，是培养教师“思想”的意识，促使教师成为反思性实践者。

观课议课提出“价值澄清”的方法，希望通过澄清行为的效果与影响、澄清行为的依据和价值观念，促进教师自身的专业发展和行为改善。我们坚信，在自觉而主动地关注和“思想”自己的处境、现状、角色、使命和前途以后，教师可能发现通向幸福人生的道路，进而更加积极主动地为学生的发展承担责任。

教师成长离不开思想，观课议课的质量取决于思想的有效性。美国心理学家乔治·J. 波斯纳（George J. Posner）认为，教师成长 = 经验 + 反思。我们认为，使人获得成长的方式分为“获得经验之思”和“反思经验之思”。“获得经验之思”是认识行动和行动结果的关系，建立它们之间的联系，并基于这种对关系、联系的认识去规划和设计未来的行动。以获得课堂教学经验为例，从对自身课堂教学中的教育观念、教学设计、教的行为、学的行为、学的效果之间的关系和联系的思考中获得的经验是直接经验；在观课活动中，从对他人课堂教学中这些关系的思考中获得的经验是间接经验。“反思经验之思”是对经验的依据、经验的过程、经验的方法、经验的结论进行深入的、持续的、批判性的审视，从而超越原有经验中可能存在的狭隘、肤浅和错误的认识。促进这种反思，需要其他经验的刺激，实现这种超越，需要其他经验的映照和比较。因为议课意味着他人经验的介入，意味着参与者彼此以相异的经验进行交流和对话，进而超越自身的经验，所以在议课过程中，参与者实现的是“反思经验之思”。比如，在阅读教学中，教师意识到“学生用朗读的方式不能很好地理解文章的意义，要理解文章的意义，更好的方式是默读”，这是从实践中获得经验，是“获得经验之思”。而教师因此意识到过去的经验“阅读教学需要出声”存在不合理之处，通过思考获得了“阅读有多种方式，无声为阅，有声为读，选择阅读方式要有文本意识，要根据阅读的需要进行选择”的新经验，这种对原有经验的修正和丰富就是“反思经验之思”。

为了获得有效思想，“思”也要“入乎其内，出乎其外”。王国维在《人间词话》中说：“诗人对宇宙人生，须入乎其内，又须出乎其外。入乎其内，故能写之。出乎其外，故能观之。入乎其内，故有生气。出乎其外，故有高致。”“入乎其内”是体悟授课教师，体悟其动机、行为和教学效果，将心比心，理解授课教师。“入乎其内”、不旁观，可以使我们对教学的认识不片面、不干瘪。“出乎其外”是在观课时发挥教学想象力，不被现有的教学所束缚，是跳出现有天地的创造和超越，是以这一节课为平台、为基础，同时又跳出这一节课讨论相关的更好的策略和方法。“出乎其外”是发展，是进步，是改造。

（四）追求“诗”

德国诗人弗里德里希·荷尔德林（Friedrich Hlderlin）说：“充满劳绩，但人诗意地栖居在大地上。”“思”是人的生存方式和手段，“诗”是人的生活目标和归宿。我们认为，“诗意”生活是一种富有理想和希望的生活，是一种对自身当下处境产生顿悟并由此进行自由创造和持续超越的生活，是一种超越世俗功利转而欣赏自身创造性力量的审美生活，是一种因为创造和超越而享有愉悦、丰富和充实的自由精神生活。

课堂教学是教师永远未完成的一种创造。观课议课坚持开放的课堂教学观，以“思”为基础，促进参与者为未来教学而创造，在自由创造中追求诗意生活。因为课堂教学永远未完成，所以教师对现状永远不满足，对课堂教学永远有梦想和希望，对美好生活永远有追求和行动……因为课堂教学是一种创造，所以，我们需要在课堂教学中激发和放飞想象力，让未来充满希望，让课堂教学成为我们的期盼。我们需要在观课议课活动中鼓励和支持创造，让教师的精神更加自由，让明天的生活在自由创造和超越中变得更加美好！

在观课议课文化中，“和”是前提和基础，大家“和”了才愿意坐在一起。“不同”是策略、手段和过程，并且“不同”为“思”的创新和超越创造条件。“思”是核心和纽带，是有所发现、有所创造的关键。“诗”是教师生活的终极目标和状态。

五、观课议课要有教师立场

2006年3月，我与大学里的两位同事到一所小学观课，授课教师希望我们重点观察和研究他的课堂提问。我与两位同事商量后决定，一位同事负责准备好教室中学生的座位分布图，重点观察和记录授课教师的提问分布、提问次数、问题类型；另一位同事负责观察和记录授课教师在课堂上的站位、走动路线、关注对象；我则负责观察授课教师提问以后的倾听、澄清、评价、引导等行为以及这些行为对学生的影响。这样的观察的确为课后的交流、分析奠定了基础。我认为这是一种成功的方法，便把这个案例写进了《怎样观课议课》，向中小学教师做了推荐。

但一些学校推行这种方法后，教师对这种方法产生了困惑和抵触。他们的意见是："过去观课后还可以对这节课有一个整体的感觉和印象，现在只盯着某一点观察，我们没有时间去观察和思考自己感兴趣的、想要研究的问题，学不到自己想学的东西，对课反而没有感觉了。"了解到有教师不喜欢而且觉得这种方法没有作用后，我建议他们尽快停止，从此也不再向一线教师讲解和推荐这种方法了。

问题出在什么地方？后来，我意识到：当时我和同事进行课堂观察是站在研究者的立场，使用的是我们自以为"看上去很美"的方法，没有站在一线教师的立场，忽视了一线教师的实际需要。从教师的工作和生活实际来看，教师观课时最关心的是自己能不能从课堂上学到东西，他们需要先对课堂教学有一个整体判断，然后从中选择有价值的东西进行学习。如果让他们只关注和记录某一个研究点，会让他们感觉自己成了机器，难以从中找到思考和发现的乐趣。让教师集中精力完成某一项他人分配的观察任务，不但不能满足他们在观课议课中自我发展和成长的需要，而且会让他们因缺乏专业的观察训练，无法达到较高的技术化的观察要求，而感到无所适从。

经过反思我认识到，适合研究者的课堂观察方式未必适合一线教师，研究者认为理想的方法未必对中小学教师的“胃口”。作为研究者，我们可以继续使用自己认为有价值的课堂观察技术和方法，但更应基于教师的实际情况，研究和实践适合他们的课堂观察方法——有利于他们学习，而不应该单纯地有利于研究（当然，最好的学习是基于研究的学习）的方法。回到根本，也就是说有利于教师学习的课堂观察才是最可靠、最有价值的课堂观察。

（一）一线教师的教学实践特点

适合一线教师的课堂观察首先要基于一线教师教学实践的特点。在我看来，一线教师的教学实践具有以下特点。

1. 一线教师的教学实践是综合性实践

可以说，每一位要上公开课的授课教师都会有诸多的考量和准备，开始每一次教学实践之前，都或多或少地对教育伦理、教学理念、教学技术、教学方法等进行过斟酌和权衡。教师的教学实践是以教育伦理为基础的综合性实践，教学的背后是完整的人。相应地，批评和否定一节课在很大程度上意味着批评和否定授课教师的教学追求、教学努力、能力水平，这对授课教师来说可能是一件天大的事。

我长期观察一线教师，和一线教师交流，我的判断是，不少一线教师的教学行为看起来不合理，教学效果也不理想，但其中绝大多数教师还是有把学生教好的良善动机。对出于良善动机但效果不理想的教学行为，我们没有批评的权利，只有帮助和引导的义务。进行观课议课，我们应该主要立足于帮助和引导，而不是批评和指责。

2. 一线教师的教学实践是差异性实践

一位年轻教师上公开课时使用视频播放器播放了一段视频。因为电脑是联网的，年轻教师播完视频之后播放器又弹出了一些乱七八糟的广告。年轻教师专注于自己的教学，一时没有注意到屏幕上的广告，观课的教师和学生对此交头接耳、议论纷纷。主持活动的教研员脸上很是挂不住，课后对年轻教师一顿批评，年轻教师像犯了错误的小孩一样低头挨训。课后我和教研员朋友讨论："这位老师肯定也不希望出现这样的情况，而且出现这样的情况是个意外，他过去没有遇到过，没有经验。（让他）思考一下今后该怎么办，提醒一下今后的注意事项就可以了，不必进行过多的批评。"

可以说，大多数承担指导责任的观察者都是相对更有经验的研究者或实践者。他们可以给予被观察者有价值的引领和帮助，帮助其获得提升与发展。但这也可能带来问题：观察者在用自己的经验、自己的标准去观察比自己年轻、水平不如自己的教师授课时，就会觉得这也不是、那也不是，就可能求全责备，基于自己的能力提出过高的要求和建议，让经验不足、能力不够的授课教师觉得力所不及。

对这些观察者进行观察，你会发现，在指导授课教师改进教学时他们常常会说"你要根据学生的实际情况因材施教"。但他们自己在进行课堂观察和讨论的时候又常常忽视了教学实践的事实：一线教师有差异，一线教师的教学实践也有差异。他们忘了进行课堂观察和讨论时也应该关注到差异，应该尊重授课教师的成长经历和教学环境，应该给授课教师"跳一跳就能摘到的桃子"。

3. 一线教师的教学实践是情境性实践

有一位教师上了一节有关两广地区的地理课。老师询问学生："如果你到两广地区旅游，你最想做什么？"一位同学说："我如果去了那里，肯定要大吃一顿。"老师看了这位学生一眼，说："看来你是一个'吃货'。""你是一个'吃货'"难登大雅之堂，若单独把这句话抽出来，很可能被人诟病和指责。但我马上观察这位同学，发现他听了老师的话后很得意，并向周围的同学暗示：我和这位老师关系很好，我们可以自由地开玩笑。师生的这次对话营造了轻松自然的课堂氛围，反映出师生关系的融洽、真诚。由此，我们必须承认，所有教学都是发生在特定的时空、特定的人物、特定的教学任务的基础之上的，一线教师的教学实践不是书本上、理论上的推演，而是在实践的情境中展开的情境性实践。

由此反思我们的课堂观察，我们不禁要问：在观察教学的语言、行为等教学因素时，我们是否应该把它们置于情境、关系中，基于情境、关系对它们进行观察、分析和讨论？可以说，真正在教育情境中生活过的或者在教育情境中生活着的人，就一定会重视、理解教学情境，重视关系处境。正如我们之前所提到过的，苏霍姆林斯基特别重视和强调教育的情境性，认为教育真理的适用也具有情境性。对于重视关系，荷兰哲学家巴鲁赫·斯宾诺莎（Baruch Spinoza）说："事物就其自身而言无所谓善恶，善恶只能存在于同一事物的关系上，即此事物帮助另一事物获得它所爱的东西，或者相反。"① 研究教学，我们不能脱离关系，不能不基于彼此的交往和影响关系。

从这个意义上讲，我们进行教学观察不仅需要诸如对语言、技术、方法的条分缕析式观察模式，更需要基于情境的切片式、案例式观察模式。采用这种观察模式，我们需把一个小的"情境切片"置于整节课、整个课程等更大的情境中，置于情境中人与人、人与物、人与事的关系中，从而读出更加有人文意义和人情味的课堂信息。

4. 一线教师的教学实践是选择性实践

我曾观察一位小学教师执教北京市义务教育课程改革实验教材第三册的《它们怎样睡觉》。课文的内容是这样的：

---

① 斯宾诺莎. 笛卡尔哲学原理 [M]. 王荫庭，译. 北京：商务印书馆，2019: 116.

你知道动物怎样睡觉吗？

有的鸟睡觉时，用爪紧紧地抓住树枝。尽管树枝被风吹得摇摇晃晃，它也掉不下来。

狗睡觉时，它们的耳朵挨着地，只要有一点儿动静，马上就能醒来。

马常常站着睡觉，可是它们一点儿也不觉得累。

蝙蝠睡觉的样子最奇特。它们头朝下，脚朝上，把自己吊起来。这恐怕是其他动物办不到的。

动物睡觉的姿势真是千奇百怪呀！

进行课堂观察时，我发现授课教师在教学生掌握生字、熟读课文后，便注重引导学生进行表演性阅读，课堂生动活泼而且富有趣味。但这篇课文是说明文，学习作者如何准确地说明是说明文教学的要求，是否应该对“马常常站着睡觉”的“常常”进行处理？课后，我小心地和授课教师交流并提出了自己的疑惑，授课教师爽朗地回答：“陈老师，这篇课文我安排了两（个）课时。这一节课的重点是熟读课文，感受趣味性。下一节课的重点是理解，到时我不仅要处理‘马常常站着睡觉’中的‘常常’，而且会分析‘有的鸟睡觉时，用爪紧紧地抓住树枝’中的‘有的’。‘有的’所指的比例可大可小，‘常常’所指的比例应该超出一半。”她的回答让我知道她比我厉害：她不仅早就想到了，而且比我想得更为完整和深入。检讨自己的课堂讨论习惯后，我发现自己是在用一篇课文理想的完整教学的标准去观察和研究一线教师的一次片段教学。由此我明白了，一线教师的教学总是在特定而有限的时间里实施和展开的，他们的实践一定是有限性实践、选择性实践，因此一定会是缺失性实践、未完成性实践。

根据学生的实际情况、根据自己对课程标准的理解、根据手中可以利用的教学材料，选择合适的教学内容和方法，既是教师的专业权利，也是教师应尽的专业义务。课堂观察应该尊重教师的专业权利，促进教师履行专业选择及为学生成长提供更有价值的帮助的专业义务。从这个意义上讲，我认为除了为保证比赛公正而制定统一标准外，日常的课堂观察一定不要搞得大而全，而是应该从教师的劳动特点出发，尊重教师的选择性，鼓励教师的创造性。

（二）基于教学实践的观课议课变革

回顾多年的观课议课实践经验，我认为课堂观察不仅是一种技术，也是一种伦理和生活方式。基于教学实践，我们可以思考和推进以下变革。

1. 走向理解性观察

观察不仅要“观”，更要“察”。“察”是一种关系发现，是一种人际理解。“察”首先是要发现教与学的关系。过去我们观察教师的教居多，现在我们观察学生的学居多。我们不仅要观察教的行为和学的行为，而且要发现这两者之间的互动和影响关系，最终基于这样的关系去发现、寻找更为理想的教学行为。此外，我们还要观察教和学行为背后的伦理、理论、思维和目的追求，多想一想为什么这样教，这样教的价值和意义是什么。

从方式上看，观察时我们不仅要看、要想，而且还要询问。我曾经观察一节初中语文课，授课教师在组织学生复习“长风破浪会有时，直挂云帆济沧海”“忽如一夜春风来，千树万树梨花开”“念天地之悠悠，独怆然而涕下”等诗句后，开始与学生互动。“同学们，现在我们要找几位同学到讲台上默写。我们先找一个最有可能写错的同学上来写‘长风破浪会有时’一句。大家说，让谁来写呀？”在同学们的呼唤中，A 同学到讲台上默写，他把“会”写成“又”，“沧”字少写了三点水。授课教师点评：“果然写错了。”法国哲学家让 - 雅克 · 卢梭（Jean-Jacques Rousseau）曾说，要尊重儿童，不要急于对他做出或好或坏的评判。同样，我们也要尊重教师，对教师的言行也不要轻易下判断。课后我询问授课教师为什么要这么做，授课教师说："这位学生的语文成绩很不好，但他就是不自觉，我提醒过他很多次，他都不努力。这一次，我想让他正视自己的不足。请将不如激将。"原来如此！询问带来了理解。当然，理解并不意味着接受。议课时，我与授课教师讨论了这位学生回到座位后的不满和失落，使授课教师意识到这种方法并不可取。之后，我们以"该怎么面对这样的学生"为主题开启了教学变革的探讨。

走向理解性观察，不仅要理解授课教师的处境和经历、意愿和追求，而且要理解教学行为对学生的意义和价值，同时还要理解教育的其他可能性和改变，在理解的基础上发现和选择更有意义、更有价值的教学，推动教学变革。

2. 走向支持性观察

朋友们，大家想一想，一线中小学教师是否欢迎我们去观察他们的课堂？估计答案会让我们尴尬。那又有多少一线教师愿意主动上没有荣誉证书（或者获奖证书）的公开课？答案也不能让我们满意。这样，新的问题又出现了：为什么我们想帮助别人别人却不接受？执教公开课对专业成长明明有很大的好处，一线教师为什么会敬而远之？原因在哪里？我认为，是因为我们做的多是评判式的课堂观察。我们常常带着自己的标准进入教室，将他人的课当成自己比较和评判的对象。常识告诉我们：若没有好处，人是不愿意被别人评头论足的。有的观察者总想展示和表现自己的水平，而且觉得表现得越充分也就越负责任、越能体现自己有水平。当授课教师的缺点、不足被观察者突出和放大后，其结果可想而知。

这就需要我们做出改变，从评判性观察走向支持性观察，从以我为主转为以他为主。我们要把自己的标准"悬搁"起来，比如，可以在走进教室之前问问授课教师："你上这节课最希望解决的问题是什么？""你选择的解决问题的方法是什么？"走进教室后观察他所选择的方法的合理性与有效性，思考解决问题的其他可能性，帮助授课教师研究和解决问题。或者在课堂上观察授课教师做过什么，研究思考这样做的效果，寻找和发现能把这件事情做得更理想的方法。这样的课堂观察是支持性观察，是真正的以授课教师为中心。观察者的水平不是体现在能否展示自己上，而是体现在对授课教师能否提供有价值的支持上。

3. 走向发展性观察

一线教师进行课堂观察的主要目的不是收集、评判观课的证据，不是得出一个"好"或"不好"的结论，而是基于对课堂现象的观察与理解来建设自己的课堂，促进自身的专业发展，并建设教师教育生活的共同体。观课议课的主张：课堂教学的观察者应该将自己定位为未来理想课堂的建设者，而不是当下课堂的评判者和批评者。

赵汀阳在《论可能生活：一种关于幸福和公正的理论》中说："所谓具有较高价值的文化就是一种蕴含着较大创造余地的、为人类创造精神准备了广阔的自由空间的，也就是更能激发并保持人类创造性的文化。……与此相反，具有较低价值的文化就是具有工业化倾向的，即可以按某种模式批量生产和再生产的文化。"① 发展性的课堂观察主张在教育现实的基础上发挥教育想象力，面向未来发现教育发展与变革的可能性空间，贡献教育智慧，从而奠定教学实践变革与教学创造的基础，促进教学与教师发展。

4. 走向自助式观察

若有人问课堂观察者："在什么样的情况下，你做课堂观察最用心？"最有可能得到的答案是"今天观课的内容我马上就要教"。观察别人上课时，我们最好按照"我也要上这节课"的要求对这节课的内容进行同步备课和教学设计，如此我们会观察得更认真，也能发现更多、收获更多。

---

① 赵汀阳. 论可能生活：一种关于幸福和公正的理论 [M]. 修订版. 北京：中国人民大学出版社，2004: 213.

所谓“根深而枝叶茂”，教师的“根”就是自己的专业发展，就是自己的课堂教学能力。如果你没有想过该如何教，没有想过这样教可能需要的能力和条件，没有想过这样教可能产生的效果……你在交流时说的话就可能是外行话，就是纸上谈兵。相反，如果你在观察时不是首先想如何指导别人，而是首先想“如果自己来教会如何教”，并找到成熟可靠的实践方案，你和其他参与者讨论时，就会更有底气和自信。

需要说明的是，就算你有了充足的准备，讨论时也不要用“你应该如何如何”“你可以如何如何”的指点口吻，而是要用“如果我来教……”“我将选择和使用这样的处理方法……”。首先，这样交流是出于对一线教师的信任：一是相信他们的专业觉悟，如果我们提出的方案确有价值和可操作性，相信他们会选择；二是相信他们的专业能力，他们能判断每一个方案的价值大小和可行性。其次，在表达时，不要努力证明自己的方法一定高明，不要试图战胜对方，而应以学习者、平等参与者的身份参与，邀请他人论证、完善自己的方案。若你觉得自己的方案具有创新性，可以自己实践一番。通过这样的交流与实践，可以构建一种观察者与被观察者的新型关系——“同在共行”。

（三）观课议课中的教师尊重与关怀

1. 让教师愿意“听”

评价一次教研活动是否有效率不是看参与者说了什么，而是看参与者听了什么，带走了什么，会在实践中改变什么。以此标准审视，我们会发现现有的教研方式需要改变。比如，在一次大型的教研活动中，组织者设计了重构教学的教研活动：授课教师先上课，然后由参会专家评课，授课教师根据专家的意见重新设计，然后再上这节课。实际效果是，授课教师上完第一次课后，专家们提出了很多修改意见和建议。没有想到，授课教师第二次上的课完全没有变化。上课的学生离场以后，授课教师对参加研讨活动的老师们宣告：“作为一线教师，我们要有自己的坚持，让专家们去说吧。”说毕竟扬长而去。这位授课教师的态度和做法固然值得商榷，但也说明观课者说了不算的情况真实存在。

观课者的意见算不算数，首先取决于被观察者愿不愿意听。美国神经科学家保罗·麦克莱恩（Paul MacLean）认为，人类的前脑分为三个各自具有主观性、智能、空间与时间感的脑区，这三个脑区是人类不同进化阶段的产物。它们分别是：第一，爬虫脑复合区，它是哺乳动物与爬行动物所共有的，主要负责人的典型的本能行为（比如，应对环境变化带来的危险）。第二，古哺乳动物脑，负责处理人的心情和情绪反应。第三，新哺乳动物脑，它由大脑新皮质组成，负责控制所有高级、有序的抽象逻辑思维，只有高等哺乳类动物才有。人类进化的历史决定了人脑的应对模式：首先关注生存，比如是否安全；然后关注情感，比如我喜欢不喜欢；最后才是运用理性，比如是否合理。基于这一研究成果，为了让我们说过的话不白说，议课时的交流首先需要关注被观察者的安全需要、情感需要，并为其提供真正有价值的帮助。

2. 生存安全上要体谅彼此

以我组织的一次观课议课活动为例。授课的两位教师都是三十多岁，都是区级骨干教师；课后，其中的语文教师表现出较强的学习热情和愿望，而数学教师则表现出对批评的防卫和对自己教学的粉饰行为。为什么会这样呢？因为两位教师工作的处境不一样：语文教师一直在这所学校工作，数学教师则刚调入这所学校。对数学教师来说，如果在第一次公开课上的亮相被否定，她在这所学校的后续生存和发展都会受到影响，她的本能反应当然是要树立自己权威的教学形象，因此对批评的抗拒也就在情理之中了。由此而言，观课议课的学术交流和讨论（这和管理活动中的教学检查、评估是不同的），既要对参与者形成触动，促进其发展，又要避免使参与者产生不安全感。

3. 情感态度上要“同在共行”

在情感态度上，观课议课主张参与者要“同在共行”，提倡“以仁心说，以学心听，以公心辨”。“以仁心说”强调爱和关怀，参与者在交流的过程中应该满怀仁爱与关怀，要学会爱、善于爱，注意同理共情，关注他人的特殊条件。所谓“以学心听”，也就是孔子所说的“三人行，必有我师焉”，即参与者保持谦逊的学习者心态，主动倾听对方，学习了解对方，持之以恒地探索学习，不断取得专业成长。“以公心辨”意味着讨论的目的不是争辩，不是赢得自己的面子，而是通过对教学现象与问题的客观思考与辨析，促进参与者的专业发展，促进学生的有效学习，促进教育理论的完善与教育实践的改进。

观课议课时的对话交流要尽可能做到《论语》中的“毋意，毋必，毋固，毋我”。“毋意”是不要妄自揣度眼见的课堂现象，分清现象和问题，不轻易做判断和评价；“毋必”是不绝对肯定或否定，要看到各教学因素之间关联的复杂性以及其中因果关系的多种可能性；“毋固”是不固执，要看到发展变化，要看到教学的历时性和延续性；“毋我”是不要以自己和小团队的利益为依据，要学会向真理“投降”，尊重客观事实，服从教学真理。

4. 贡献的意见要真实有价值

想要贡献的意见真实有价值，我们就要真正“读懂”课堂。观课不仅要“观”，即运用多种感官以及必要的观察记录工具，有效地收集真实可靠的课堂信息；而且要“察”，即运用心灵和理性的力量感悟、体验和分析，以获得对课堂教学的正确认识和理解。

观察需要全身心投入。宋代哲学家邵雍在《观物篇》中说：“夫所以谓之观物者，非以目观之也；非观之以目，而观之以心也；非观之以心，而观之以理也。”以目观物，见到的是物之形；以心观物，见到的是物之情；以理观物，见到的是物之性。真正的“观”不只是用眼睛看，用耳朵听，还要用心灵体验和感悟，用头脑思考和判断。

观察意味着研究。孔子说："视其所以，观其所由，察其所安。"意思是说，要认识一个人，不仅要看他的作为，了解他的思路，更要考察他的动机、价值追求，这样才能够更真切地认识、理解和把握观察对象。课堂观察要"察"课堂上的事实，要"察"因果，要"察"现象背后的东西，从中获得对教育的理解和认识。"察"是询问，"察"是观察，"察"是推论和判断，"察"是尽可能"读懂"和"读透"课堂，日本教育家佐藤学曾要求："必须读懂看起来单纯的事件背后所隐藏的复杂性。"①

观察不仅要"读懂"课堂，更要创造课堂。"读懂"他人的课堂要"入乎其内"，不仅要"读懂"教与学的关联，而且要"读懂"教学行为背后的理据、伦理追求、思维决策方式，同时还要用一双慧眼发现最有讨论价值的现象，以备交流讨论。而创造课堂要"出乎其外"，超越自己，思考教学的各种可能性，贡献自己具有实践可行性的教学方案和策略，而不是对别人的教学指手画脚。

（四）以学习活动和效果作为主要观、议对象

我的一位教研员朋友在观课后，和授课教师有这样的交流。

教研员：您觉得这节课上得怎么样？

授课教师：不错呀，大家都是这样上的。

教研员：您觉得有没有需要调整的地方？

授课教师：我觉得没有什么需要调整的。

教研员：那您觉得在这节课上，学生的参与情况及表现怎么样？

授课教师：现在的学生就是这样子，学习不积极、不主动。

① 佐藤学. 静悄悄的革命：创造活动、合作、反思的综合学习课程 [M]. 李季湄，译. 长春：长春出版社，2003: 55.

教研员开始分享课堂上观察到的学生的学习状态和在学习过程中的变化，授课教师对此表现出了高度的参与热情和积极性。

这个案例告诉我们，一线教师更关注课堂教学中学生的“学”。能提供学生的学习情况的观课者，会更受欢迎。因此，佐藤学建议：“在讨论中，最重要的是丢开一切抽象的语言，只说出自己对所观察到的事例的质朴感受和具体的事实本身。只要大家能相互交流自己朴素地感受到的一切，就必然能学到许多意想不到的东西。”① 这就是观课议课的以学论教。

1. 尽力观察研究学生的学习

教师的教是为了学生的学，教的依据在于研究学，教的实现在于通过学，教的效果在于考查学。只有发现了学生的学，理解了学生的学，我们才能对如何促进学生的学有发言权，也才能给参与者提供真正有价值的帮助。

研究学需要走近学生，观课者要尽可能坐在学生身边，和学生建立相互接纳、信任和互助的关系。走近是方式，走进是目的。“走进”学生意味着观课者要尽可能站在学生的立场，用学生的眼光，基于学生的心理，去观看、去体验、去感受，形成对学生及其学习的深刻见解。观察研究学生是全方位的，不仅要观察研究学生的学习准备、学习基础、学习困难、学习方式、学习状态、学习的收获以及他们对作业、学习的愿望，而且要研究学生在学习中的人际关系、社会交往、人格发展和生活质量。

① 佐藤学. 静悄悄的革命：创造活动、合作、反思的综合学习课程 [M]. 李季湄，译. 长春：长春出版社，2003: 55.

2. 给授课教师当助教

大多数课堂教学观察强调客观，强调观察时的“中立”和“不介入”。观课议课主张和提倡观课者给授课教师当助教，为学生助学。给授课教师当助教要注意把握好时机，在授课教师讲授和展示时，观课者可以对身边有分心现象的学生进行提醒，但不要活动幅度太大、次数太多，要避免分散授课教师的注意力，抢授课教师的“镜头”，对教学造成干扰。学生在学习中遇到困难时，观课教师可以给身边的学生以恰当的帮助，教他们学会学习。就坐到学生身边观察、当助教的益处，我曾作过一首诗来概括：“课堂本不替师设，为学好学好果结。研学助学有益功，因学施议求变革。”

和学生建立信任关系，并尽可能支持学生的学，可以使观课者获得幸福。我曾经在成都市第十四中学观察一节初中语文课，下课时听到身边的学生自言自语：“要是有个老师天天坐在我身边就好了。”还有一次，我在成都市红光小学参加活动。课间休息的时候，一位小朋友走过来问我：“陈叔叔，你要不要钱？”我做出夸张的表情，伸开了手掌，说：“要啊！多少钱？”“一块八毛九。”还没等我明白过来，小家伙扑到我怀里，小手在我脸上轻轻拍了拍：“一块（巴掌）！”接着小手提了提我的头发：“八（拔）毛！”最后拧了拧我的耳朵：“九（揪）！”

3. 用学生的学习情况做研究

怎么使用收集到的学生学习信息？

常见的做法是将其用作评判的证据。在收集到事实和相关数据（特别是在大数据收集技术成熟的情况下）后，评课者立刻以此作为证据评判教学的是非优劣，试图用一个理想的数据模型来判断教师的教学在哪些方面出了问题。

而观课议课主张信任教师的积极的教师观，认为大多数教师是爱学生、想把学生教得更好的。有些教师在教学实践中之所以会出现种种不合理的行为，是因为他们不知道或者没有学到更合理的方法。因此，我们不应该过多地批评教师的行为，而是应该更多地理解和研究他们的行为。课堂观察者应该以白描的方式（不要让授课教师产生这是“在用一个课堂证据来批评我”的感受）陈述课堂上学生的学习情况，并且陈述后不要马上做出评判——“我觉得这样教得好（或者不好）”，而是应真诚地询问“你是怎么想的”“你是怎么看的”，以此促成理解，增进理解。

观课议课的参与者要达成的理解包括：①理解彼此的处境和动机，理解教学的条件和环境，理解教学的背景、前因后果，理解教学的依据和决策过程；②理解教和学之间的影响与关系，理解教的预设、教的行为、学的行为、学的效果之间存在什么关系，理解学的效果是否理想，如何变得更有意义（这样的理解实质上是研究）；③理解教学的新的可能性，理解教的预设、教的行为、学的行为、学的效果是否有其他可能性，理解新的思考和实践可能带来什么样的变化（这样的理解实质上是创造）。观课议课的理解和研究，不是面向过去，而是指向未来，它可以帮助参与者认清自我，了解彼此，在共同研究中相互学习。

六、观课议课如何体现和实现学生关怀

观课议课主张把“以人为本”写在自己的旗帜上。观课议课中的人，既包括观课教师和授课教师，也包括学生。观课议课关注人的幸福，既要关注参与者当下的状态，也要关注参与者的未来发展。观课议课关怀学生，就是要关注和关心学生的感受与体验，追求和实现学生更好的发展。

（一）避免把学生当成教研的工具

在一些教研活动中，我们常常会发现学生坐在台上后，活动主持人才开始向现场的教师介绍参与活动的来宾、活动议程、活动的意义等。此时，大部分学生无所事事，少数学生配合教师做教研的准备工作。这是一种普遍现象。但大家都这样做，并不意味着这样做就是合理的。《论语·卫灵公》记述了这样一件事。子贡向孔子请教：“有一言而可以终身行之者乎？”孔子回答：“其恕乎！己所不欲，勿施于人。”换位思考一下：如果你是学生，会不会感觉“我们只是教研的工具”“我们是来配合教研的”？你愿意被这样对待吗？

促进学生成长和进步是观课议课等教研活动的最终目的。我们要回归教育初心，不能忘了一切为了学生的根本目的，不能忘了尊重学生的教育伦理要求。因此，观课议课主张学生上场之前，主办者应该完成上述介绍和组织。学生上场后，直接开始教学。学生才是主角，促进他们成长和进步是教研活动的目的，教研活动应该为他们而存在。

（二）引导学生求真

在日常的教研活动中，有些教师会要求学生在公开课上“掩饰”（不做不合理的行为）或者“粉饰”（特意做出某些正确与好的行为）；更有甚者，会在同一个班反复试讲、反复演练。教学成了演戏，学生成了演员，教学完全丧失了求真的应然追求。

基于培养学生“学做真人”的价值追求，观课议课致力于培养授课教师“求真是教育的价值追求”“问题是我们的朋友”“上公开课的主要目的不是展示，而是促进自我发展”等意识，使其确立以发展为目的而不是以展示为目的的授课取向，对教学中的问题保持开放，以真面目、真性情示人。同时，观课议课主张议课而不是评课，关注学生是否真实参与、是否表现出真情实感，课堂教学是否促进和实现了学生的真实发展，而不是追求师生配合的精彩表演；尽量避免授课教师为迎合观课教师的口味而丢失本真。

（三）给学生以尊重课堂的示范

这是一位教师的观课手记：

写完最后一句话，我合上观课笔记，起身走出五年级（2）班的教室。

“老师。”我站住脚，扭头看见几个女生站在身后。她们接着说，“老师，请您转告听课的老师们，请他们尊重我们的杨老师，尊重我们的课堂。”

“怎么了？”我很是迷惑。

“听课时，他们一直在说话……”

卞之琳在《断章》中写道：“你站在桥上看风景，看风景人在楼上看你。”我们在教室里观察课，学生在教室里观察我们。若观课教师不尊重授课教师、不尊重上课的学生、不尊重课堂教学、不尊重自己的专业身份，学生不仅会轻视教师，而且会对课堂失去敬畏之心。

要让学生敬畏课堂、尊重教师，并潜心学习和发展，观课教师首先要敬畏课堂。我建议观课教师：一定要提前进教室（提前三分钟）；若没有特别的原因，只要走进教室，就完整地观察完一节课，不要只看三五分钟，走马观花；在课堂上要关闭私人通信设备，不要旁若无人地接听电话；不做与本课无关的诸如备课、批改作业等工作；不要与其他观课教师闲聊，避免在课堂上讨论和评价师生的教学活动。

（四）关怀和帮助身边的同学

观课议课致力于推进从“以教师为中心的教”走向“以学生为中心的学”的教学方式变革。变革的主要策略：观课时，将关注重点从教师转移到学生身上，根据学生的学习，思考和发现应该如何教，这是以学考察教、以学思考教；议课时，将学生在学习过程中的现象和故事、过程和效果作为课堂教学研究的依据，这是以学讨论教；通过观课议课，帮助授课教师理解学生的学习基础、学习状态、学习策略和学习效果，使其更好地因学施教，因材施教。

1. 到学生身边去

观课教师若要到学生身边去，近距离观察和研究学生的学习，就不能总坐在教室的后面。如何选择观课位置呢？我有两条建议。

一是要根据观课的目的和需要选择位置。曾经我在观察一节数学课时一开始选择坐在后两排学生中间的过道上。后来，我征求授课教师的意见：“您希望我在这节课上观察什么问题？”授课教师说：“希望您能观察一下，在这节课上有多少学生在积极思考。”我一听，马上把凳子移到教室前门的门口，并且面朝学生而坐。又如，如果要悄悄观察某一位特殊的学生，就需要选择既能观察这位学生的学习活动，又不会被学生注意到你在观察他的位置。如果没有这些特殊的目的，观课教师就要尽可能选择可以观察更多学生的学习状态、学习活动和学习效果的位置，以避免观察视角的狭隘、观察点的单一。

二是要尽可能选择不影响教师教学的位置。观课教师不能喧宾夺主，成了课堂上的主角。在没有特定观察目标的情况下，我们通常要坐在教室后两排座位之间的中间过道上。一方面，坐在这里不会有过多的学生将目光放在我们身上；另一方面，坐在这里不会对师生的走动造成障碍，影响正常教学。还有，中间的过道两边都有学生，我们稍稍转身就可以就近观察八个学生，略略起身就可以看到十多个学生的学习活动，观察面较大。

有教师担心，观课时坐到学生身边会影响授课教师上课。为了避免给学生带来不利影响，在授课教师讲课时，观课教师最好静静地观察，你的起身、走动都可能会对授课教师和学生形成干扰。

很多教师上公开课（或者竞赛课）时已经习惯了听课教师（或者评委）盯着自己看，听课教师（或者评委）越盯着他们看，他们就越“精神”，越不顾学生。若他们注意到听课教师（或者评委）只关注学生的学习状态，他们就会开始放弃自我表演，将精力放在学生身上。另外，一般而言，教室后面两排常常是学习上相对有困难的或者相对调皮的学生的位置，听课教师（或者评委）坐在这里，可以将授课教师的注意力吸引过来，让授课教师关注这些学生。如果说这样做会对授课教师的教学有影响，我认为也是一种积极影响。

2. 与学生建立相互接纳和信任的关系

观课教师在选择位置时，最好征求一下学生的意见：“我可以坐在这里吗？”这是对学生的尊重。征求学生的意见，就是为了避免学生产生他的空间被侵犯、隐私被窥探的感觉。一般情况下，学生会说“可以”，这时我们就可以心安理得地坐在学生身边。当然也有例外，曾经有两次学生的回答是“不行”，我只好另选位置。有教师会问，如果没有学生愿意你坐在他身边，该怎么办？如果发生这种情况，那就把自己“打回原形”，坐到教室后面去。在课堂上，学生是最重要的。优先关注和满足学生当下的需求，是观课议课的基本原则。

坐下以后，观课教师要主动向学生传递关爱和信任。比如，可以先简单介绍自己，然后询问学生一些生活方面的情况。彼此熟悉以后，可以提出这样的问题：“我可以看一看你的书吗？”“我可以看一看你的作业吗？”翻教材和作业本既可以让你在短时间内理解教学的前后关联，发现有价值的教学内容和教学难点，也可以让你了解学生的学习基础、学习准备和学习能力。要提醒的一点是，我们要找出学生的书本上、作业中值得肯定的优点，给学生鼓励和赞扬，让他们信任我们。对于学生的问题，我们要给予宽容与理解。我曾经在观察一节初中数学的试卷讲评课时，向身边的学生提出要求：“我能不能看看你的试卷？”这位学生不好意思地说：“这次没有考好，只考了 45 分。”我同情地说：“是不是题目太难了？”这样沟通学生就可以放松心情，将他在学习中真实的一面展露出来，也愿意回答你在观课过程中提出的其他问题。

3. 成为学生学习的帮助者

观课议课主张，对课堂教学的观察和研究要从评判走向建设，观课教师不只是课堂教学的观察者、研究者，同时也是授课教师的助教；观课的任务不是收集信息以证明这节课有哪些优点、不足，而是让学生更好地学习、学得更好。因此观课教师要促进学生学、指导学生学，协助授课教师实现学生的学。比如，如果发现学生在学习活动中分心了，观课教师要暗示和提醒学生把注意力集中在学习活动上；如果学生在学习中遇到了困难，观课教师要参与分析、讨论，给予帮助；如果学生的小组合作、探讨等学习活动遇到了障碍或者学习效率低下，观课教师可以参与、组织，并和学生一起讨论……

在观课中这样关怀学生，学生就会回报教师以欢喜。我曾经观察过一节主题为“确定位置”的小学数学课。上课之初，我试图观察学生完成练习的情况，身边的学生用手捂住本子不让我看。后来，在课堂上，我与他共同学习、一起讨论。快要下课时，授课教师要求学生用画坐标的方法标注自己最好的朋友，这位学生标的正是我所在的位置。

关怀学生的理想境界，就是观课教师成为学生的朋友。

4. 不增加学生的负担

有学生参与的活动，教师一定要控制好时间，要杜绝拖堂，时间一到尽快下课，连堂课中间一定要有休息。要观察学生在课堂上的表现，及时关怀身体不适的学生，鼓励学生表达自己需要休息、需要特别照顾的需求，并根据情况满足他们的需求。

教师可以在下课后对学生进行一个短时测验，也可以直接询问学生在学习中的收获、困难，了解他们的学习需求；但不必组织学生参与议课活动。一是因为议课活动要占用他们的时间，学生已经坐了一节课的时间，要尽早解放他们，给他们自由；二是因为当着教师的面，他们可能也不好说什么，教师讲的他们也未必感兴趣。

七、怎样有质量地观课

（一）有质量地观察自己的课

从改进课堂教学和促进教师专业发展的角度来看，最有价值的方式是观察自己的课（尤其适合教师数量不多，不具备同事之间互相观课条件的小规模学校）。有录像条件的话，教师可以观察自己的课堂教学录像，若没有录像条件，教师可以用手机录音。只要教师愿意进步和改善教学，方法总是有的。相比较而言，我更为推崇观看自己的课堂教学录像。

1. 有质量地观察教学录像的步骤

第一步，拍摄并观察自己上常态课的录像。为了专业发展，为了改进课堂教学，教师要观察自己的课，以常态课为首选。有的教师说："常态课我自己都看不下去，太难看了。"是的，这是真实的反应，每位教师在看自己的教学录像时都会有相似的感受。遇到这样的情况该怎么办？出去走走，走的时候想一想："我的课连我自己都看不下去，而我的学生却要天天看，还要表现出很喜欢的样子，他们真难，他们真好！"想完之后再回去接着看。什么时候教师真正对自己上的课感到满意了，我们就可以说他的课堂教学"入门"了。

第二步，整理课堂教学实录。自己"嗯"了一声记一个"嗯"，"啊"了一声写个"啊"，你会发现自己语言啰唆、表达没有逻辑。这时，你需要站在学生的角度理解，也就是要把审视自己教学的过程变慢、变细。

第三步，选取有讨论价值的片段。就像讨论他人的课一样，思考设计时的动机、追求，观察教和学之间的关系，反省自己教学决策的依据、思考的过程，形成对教学的认识，获得新的教学经验。

第四步，发现教学的新的可能性。面向未来重新设计和规划，想一想自己以后可以延续的东西是什么，需要改进的地方有哪些。通过面向未来的规划，使自己的教学“芝麻开花节节高”。

这里以我曾经执教的北师大版小学语文五年级上册的《我喜欢》教学实录（片段）及反思为例。

【教学实录】

师：同学们好！

生：老师好！

师：知道我叫什么名字吗？

生：陈大伟。

师：对，我的名字是陈大伟，你们可以叫我陈老师。今天学什么课文你们知道吗？

生：《我喜欢》。

师：喜欢不喜欢？

生：喜欢。

师：喜不喜欢陈老师？

生：喜欢。

【反思】这里的提问显得很随意。站在学生的角度来看，到底应该怎么回答？若不回答会冷场，若说“不喜欢”会让我尴尬，最后只能选择说“喜欢”。这不是逼着学生说“喜欢”吗？其实我当时就想着学习的内容是《我喜欢》，这样提问可以顺带与学生寒暄。课后反思时我发现，这样提问没有任何价值，而且可能产生副作用。在教学中不应该让学生为难，要给学生不公开表态的权利。

【教学实录】

师：喜不喜欢上这节课呢？

生：喜欢。

师：我看有的同学答得有点儿勉强，下面我们学习《我喜欢》。

【反思】第一句话更是存在问题，如果学生都说“喜欢”，就可能不是真话；如果有学生说“不喜欢”，我是不是就不上了？学生回答以后，我又说了一句“我看有的同学答得有点儿勉强”，这句话更是让自己下不了台。接下来的“下面我们学习《我喜欢》”既干瘪又强硬，换成“我希望上完这节课后，你们能真诚地说‘我喜欢这节课’”可能会好一些。

2. 借助黄、黑、绿三顶帽子，从不同角度理解和发现课堂

需要注意的是，课后反思不是一味给自己找难堪。我们可以借助黄、黑、绿三顶帽子，从不同角度理解和发现课堂，促进自己的专业成长。

“黄帽”是肯定，它代表着一种乐观主义，主要的思考方向：这样教学的好处是什么？合理性在哪里？积极因素是什么？也就是为自己的教学找优点。“黄帽”让人感觉阳光灿烂，“黄帽思维”有利于增强我们的教学勇气，帮助我们获得教学信心。

“黑帽”是质疑和否定，主要的思考方向：这样教可能产生的问题是什么？风险有哪些？有哪些问题被我们忽略了？这是自己给自己“找碴儿”。可以说，任何教育都是有缺陷和问题的。“黑帽思维”使我们审慎地对待教育，仔细地权衡教育，在决策和实践过程中尽可能地追求教育利益最大化，使教育损害降到最低。

“绿帽”是新的发现和选择，主要的思考方向：除了现有方案我们还有没有其他更好的选择？我们能不能用其他方式来做这件事？这里有没有另外一种解释？“绿帽思维”是“黄帽思维”和“黑帽思维”的延续，是对新思路的探询和发现，具有破旧立新的创造性。

三顶帽子的思维过程使我们对课堂教学保持开放和审慎的态度。这样的研究方式既可以用于集体观课议课，也可以用于缺乏他人支持时教师个人的自我反思。

3. 克服弱点，超越一般

2009 年 10 月，我在“为幸福的人”新浪博客上发表了《我喜欢》的课堂教学实录及反思。有近十万阅读人次，扣除同一个人的重复阅读次数，估计有七万人读过，但估计其中按照前述环节观察自己的课堂教学录像的人并不多。为什么呢？《优化课堂中的依恋与学习：大脑神经可塑性带来的启示》一书中记载了这样的研究：“如果将某人放进一台大脑扫描仪并让他 / 她分析他人，你会发现他 / 她所有的神经网络都被激发起来了。……如果将同一个人放进一台扫描仪并让他 / 她思考自己，大脑活动则少多了。”[①] 可以说，这是人性的弱点，是一般人的特点。要想有更好、更快的专业成长，我们就需要自我施压、克服弱点。

只要教师努力观察自己的教学录像，不断地进行自我反思和创新，就会有意想不到的收获。2021 年 8 月 27 日，我在成都市崇州七一实验小学交流，学校的杨珊老师骄傲地跟我分享带教师的经验。她说她听过我关于“观看自己的教学录像并整理实录”的讲座，并在学校指导英语教师运用这种方法改进教学。近几年，在这些教师中，有一位教师获得成都市赛课一等奖，两位教师获得说课比赛一等奖，两位教师获得微格课赛课一等奖。

无独有偶，湖南省益阳市南洲镇第六完全小学的高颖老师经过实践，有这样的发现和收获：

（我）写课堂实录与反思是受陈大伟教授的影响。我阅读了他的《我喜欢》一课的教学实录与反思，感动于他对教学的精益求精。在没写课堂实录之前，我自以为自己的课虽谈不上多么精彩，但也不至于惨不忍睹。但是，老老实实一字一句地做完记录之后，我发现自己的课的确可以用惨不忍睹来形容。但想到陈大伟教授说的“成功了有成就感，失败

① 科佐林诺．优化课堂中的依恋与学习：大脑神经可塑性带来的启示 [M]. 杨安博，姜雪，译．上海：华东师范大学出版社，2019: 172－173.

了有贡献感”，我便释然了。

在我改变了对自身课堂教学的认知，客观地审视自己时，我发现我的盲目自信被瓦解了。教师用语、教学设计、细节处理、评价机制，甚至连教态，通通经不起推敲。这面镜子太过真实。它连放大镜都不是，它仅仅是还原了我的课堂，就足以瓦解我的一切自我感觉良好，让我铭记务必对课堂教学心存敬畏。

我开始更加关注课堂教学中似乎微不足道的细节：或许只是说了一个病句，提了一个毫无价值的问题，忘记了对某位发言的学生进行评价，忽视了坐在某个角落里的学生……在此之前，我从未认真地去发现、去感受、去反思，甚至觉得这些细节不值一提。但是这些细节真的就不值得被看见吗？如果不是整理自己的课堂实录，我不会意识到我整堂课几乎一直站在教室的同一个位置，不知不觉说了那么多无关痛痒的废话，以及在处理预设之外的状况时如此稚嫩。

我们整理完自己的课堂实录后，如果有需要，还可以请志趣相投的同事一起观察，就自己观察出的问题与同事交流，争取得到同事的帮助。

（二）用心观察其他教师的课

观课议课，“观”是观察的简说。一方面，是运用多种感觉器官以及必要的观察记录工具，有效地收集和整理课堂信息（“听”也是观察的一种重要方式）——“观”；另一方面，是运用心灵和理性的力量体验、感悟和分析，以获得对课堂教学的认识和理解——“察”。

我曾经观察一位小学教师上北师大版小学语文三年级上册的《一只小鸟》，这篇文章的作者是冰心。课堂上，坐在我身边频繁举手回答教师问题的学生，突然不自觉地嘟囔了一声：“无聊。”如果我只是听，可能不知道“无聊”指什么，但“观”强调用多种感官（包括自己的嘴）收集课堂信息，于是我轻声问他：“什么无聊？”这位学生将眼珠子转了转，想了一想，然后说："这就是一部无聊的作品。"这么简单的问题为什么这位学生还要想一想？不对！冰心的《一只小鸟》很适合孩子阅读啊，"无聊的作品"应该不是他的本意。"无聊"另有含义，但"无聊"到底指什么呢？后来，我想起授课教师跟我说过，因为临近期末，新课已经上完，另外选文章又没有足够的时间，加上这次活动有很多校长参加，她不能冒失败的风险，所以只能上一节已经上过的课。结合授课教师的话，我发现学生说无聊，并非是说作品本身无聊，而是说学习已经学过的、已经熟悉的东西让人觉得无聊。

那他为什么不直接说教学无聊呢？再想一想，我就明白了：学生很爱护他的老师和学校，他不愿意直接说教学无聊。我同时意识到，他频频举手只是在配合老师把这节课演得更像一节新授课而已。从中我们可以看出上反复演练过的公开课有巨大危害，学生不仅知道老师在弄虚作假，而且还学会了在课堂上表演和一定程度上的弄虚作假。

这个案例告诉我们，观课时需要把学生的学习活动、学习中的变化作为观察的对象，要"察"学生的学和教师的教是否有关联，有怎样的关联；要"察"教师的教学处境、教学选择和依据；要"察"教学活动的即时效果，以及对未来教学、对学生未来人生可能产生的影响。

（三）借助他人的课反观、提升自己

教师观课的主要目的是什么？是为了研究还是为了学习？《礼记·学记》中说"相观而善之谓摩"，观课议课主张观课的主要目的是学习，通过观察课堂教学，学习教学。是谁学习？首先是自己学习。自己有所发展了，帮助他人才有基础和可能。如何学习？《论语》云："三人行，必有我师焉，择其善者而从之，其不善者而改之。"面对效果不理想的课堂教学，我们要想一想："我是否这样想过、做过？""如果让我来教，我可以怎么改进？"面对效果理想的课堂教学，我们要想一想："我可以学习的是什么？""在以后的教学中我要做怎样的改进？"要学会把观察课的过程变成自己备课的过程，要做好马上上这一节课的准备。经验告诉我们，有了“明天我也要上这节课”的预设，观课时教师就会全身心地投入。

我曾经在微信上看到一位学生写的《20 年后的我》：“今天天气不错，我和老婆带着我们一对可爱的儿女环游世界。突然，路边冲出一个浑身散发恶臭、满脸污秽、无家可归的老太太。天啊，她竟然是我 20 年前的语文老师！”老师给了一个零分，并批注：“这个星期你给我站着上课。”从观课议课的角度看，我认为，我们可以利用一切对我们的教研有价值、能够促进和实现教师成长的资源（比如，电影、寓言及生活中有可能遇到的各种情形），来进行观察分析。若把这个故事当成真实的案例，你会如何观察？对此，我有如下建议。

首先是观察学生。观察学生时我们第一要做的是给学生找优点（这应该成为观察学生的原则性要求）。我们会发现这位学生很会写想象作文，扣题准确。然后，我们可能会发现这位学生不太喜欢他的语文老师，师生关系不够好。

其次是观察教师。一是要思考她是在什么情况下做出这个批注的，为什么这样做。她也许是在很生气、很愤怒的情况下做出这个批注的。二是要思考她这样处理可能导致什么样的结果。她的做法可能会使师生关系更加紧张。

最后是观察自己。观察自己是指想清楚两件事：一是假如我遇到这种情况，我会怎么处理和为什么要这样处理；二是通过这件事，我的收获是什么，我今后要注意什么。

如果我遇到这样的事，我可能会这样批注：“天啊，你真是太富有想象力了，把结尾写得如此出乎意料！（意图：这是在告诉学生，不管他怎么做，我都是爱他的，都会用积极的眼光看他。另外，在看出学生是要故意气我们的时候，我们不能中他的计马上生气，要给学生传递信息，告诉他这样气不着老师，老师也不会生气，以后他就不会再故意气你了。）不过，老师相信 20 年以后的我绝对不会是你想象中的这个样子。

为什么呢？因为老师热爱学习、热爱生活、热爱工作，20 年以后老师一定会生活得比现在更好。（意图：在学生面前，老师一定要塑造一个光明正大的形象，要给学生希望，幸福的老师才更有教学吸引力。）老师很想知道，20 年以后如果你遇到曾经帮助过你的人，你会对他做些什么呢？你可以写一写。还有，20 年以后你的生活是如此美好，实现这样的生活你肯定付出了很多努力，你可以把你的努力也写一写。我会在语文课上给你留 5 分钟时间，你把重新修改好的作文准备好，到时候在班里念一念，我们一起讨论一下。记住，老师一定会请你念的。”这样处理会不会好一些？

通过这样三种观察，我们会有许多收获和成长。比如，遇事不要着急，所谓心急吃不了热豆腐，若遇到出乎意料但不紧急的事情一定要慢慢处理、慢慢想；面对学生的挑衅行为要大度一些，要学会接纳小孩子的顽皮；要尽可能多看学生的优点，让学生感受到老师的关怀和爱；教师应是学生的榜样，教师要做好自己，成为幸福的人……

八、怎样有质量地议课

有质量地议课需要以学论教，需要关注教学实践的真理具有境脉特征，需要关注不同对象的不同需求，需要以对话的方式展开，需要发挥教育想象力，这些在前面已有所交代，这里再强调以下几点。

（一）聚焦和指向教师的专业发展

我曾经观察一位小学数学老师上课。教学进行到第 35 分钟左右时，他在黑板上写了一道题，想找一位学生上去做一做：“下面，我要找一位这节课上还没有举过手、没有发过言的同学来做这道题。”老师叫了第一位学生，这位学生说：“我发过言的。”老师只好换一位学生，可第二位学生也说自己发过言了。这时，有一位学生看出了老师的困境，向老师暗示“你快叫我，我来帮你”，老师叫了这位学生。但据我观察，这位学生是第三次参与互动了。

我主张，观课时，教师可以基于对自己负责、对同事负责的态度，充分自由地观察和思考，尽可能多地收集相关信息，尽可能充分地发现和研究。但观课结束后，教师就要马上思考课堂上什么现象最具讨论价值，讨论这个现象对改善教学、促进教师专业发展可能有什么帮助，也就是要有聚焦意识，要在有限的时间里找出最有讨论价值的现象。筛选出想要讨论的课堂现象后，紧接着还要做好参与议课的准备，进一步思考授课教师为什么要这样教，如果我遇到这种情况会如何处理，我怎样提出问题，用什么样的步骤展开对话交流等问题。

在与授课教师交流时，首先要描述准备讨论的课堂现象，使参与者都知道要讨论的问题是什么，描述时一定要注意用白描的方式而不要轻易做出评判（“毋意，毋必，毋固，毋我”）。描述完现象后，尽量用问句询问。比如，针对上面的例子，我们可以这样描述和询问：“某老师，刚才我观课的时候，发现教学进行到第35分钟左右的时候你写了一道题，然后你想找学生上去做一下。你告诉学生‘我要找一位这节课上还没有举过手、没有发过言的同学来做这道题’，结果有两个同学都说‘发过言’了。你注意到这个现象没有？你怎么看这个现象？”

针对我的询问，授课教师这样回应：“陈老师，今天的学生不配合。教了这么多年书，我从来没碰到过今天这样的学生。”接下来，我又问了一个所有观课议课活动都可以用到的问题：“你是怎么想到用这种方法的？”授课教师的回答是：“我最近观察了几节名优教师的课，有一些名师就是这样做的。”

了解了这些之后，我与授课教师后面的交流更加具有针对性。我们讨论了“如何看待名优教师的课”“如何学习他人的课堂教学”“如何看待课堂上的意外”等问题。讨论这些问题的目标指向不只是这一节课，也涉及教师的专业发展。

我们讨论“如何看待名优教师的课”时，明确了观课的姿态应是既不仰视名优教师的课，也不俯视水平不如自己的教师的课，观课议课需要平视、需要实事求是。我们讨论“如何学习他人的课堂教学”时，强化了以学论教的方法，明确了一个教学行为是否值得学习要看“疗效”，要看学生的反应、收获和影响，因为教师要有学生立场、体会学生的心理与感受。我们讨论“如何看待课堂上的意外”时，明确了不要认为课堂上出现意外一定是学生的问题，要在自己的身上找找原因。

以此为例，我们要说，议课一是要聚焦，聚焦一个或几个有价值的问题，深入研究，避免面面俱到、浅尝辄止；二是要专注于教师的专业发展，明确议课的重点不在于这一节课，而在于通过这一节课研究如何促进和实现教师的专业发展。在这一点上，观课议课与课例研究有了区别。可以说，课例研究聚焦的主要是教学内容，讨论的问题是“这个知识点该如何教”“这个内容该如何教”。观课议课主要指向教师的专业发展，讨论的问题是“以此为例，我们应该如何理解教学内容”“以此为例，我们应该如何改善教学设计”。观课议课追求从“得鱼”走向“得渔”。课例研究主要就某一个教学内容，多人参与、多轮研究，以求得一个理想的教学方案，具有“多中求一”的磨课特点；观课议课强调通过对一个好的教师专业发展问题的讨论，引发对教师专业发展问题的思考，促进教师的改变和发展。观课议课是借助一个案例、一个现象讨论教学的多种可能性，“一中求多”，奠定教师自主创造的基础。

教师通过专业发展，有了研究和解决课堂教学问题的能力，他们就会想办法解决今后在课堂上遇到的各种问题，提高课堂教学质量。

（二）使用问句做价值澄清

价值澄清学派是美国20世纪最有影响的道德教育流派之一，其领军人物路易斯·拉思斯（Louis Raths）在《价值与教学》的序言中写了他儿时的一个故事。

72年前，我是纽约敦刻尔克的一名6岁的小男孩，正在第五公立学校读二年级。我养成了吮吸肘部的衬衫袖子的坏习惯。我为此遭到哥哥的嘲笑、逗弄，我的几个姑妈和叔叔也是如此。此前的一年，一年级的老师曾在数个场合命令我停止这样做。

接着，我就读于二年级，遇到了一位叫卡罗瑟斯小姐的新老师。一有自由时间，我就开始吮吸衬衫。家母知道我尤其喜欢吮吸清洗得干干净净的衬衫，因此每当我回家吃中午饭时，她会保证（我）下午穿着刚洗涤干净的衬衫去上学。卡罗瑟斯小姐大概注意到了这一点，她常常沿着走道来回走动，并与个别学生交谈。一天，她来到我的课桌边，俯身靠近我说：“路易斯，这是你最喜欢的姿势，是吗？”在接下去的一周里，我戒除了这一习惯，母亲向全家宣布我不再吮吸袖子了。[①]

在这个故事中，不是嘲笑、指导和命令实现了主人公的改变，而是“问句”引起了主人公的反思，引起了价值澄清，价值澄清带来了新的改变。

1976年，联合国教科文组织在《国际教育标准分类》中，这样定义教育：“教育是有组织、有目的地传授知识的工作。”1997年，该文件被修订，教育的定义变成了：“教育是能够导致学习的交流活动。”比较两个定义，我们可以看出，原有的定义重在提供知识，新的定义重在促进交流，引起思考。由此，我得到的启发是，我们需要用问句促进教师思考，进而促进教师的专业发展，比如，我们可以问教师：“这样做的效果如何，是否理想？”“对学生未来的影响有哪些？”“我们想追求的东西是什么？”“行为的内在价值和依据是什么？”“我们还可以追求什么？”

提问的目的在于引起思考和交流。思考的过程就是价值澄清、选择新方法的过程，也是学会为自己做选择，学会承担选择责任的自我教育过程。教师的教学方法需要自己去发现和创造，提问的目的还在于培养教师自我提问的习惯，引导其通过自我提问促进自我对话，引起自我反思。

我之所以强调在观课议课中多使用问句，是因为在复杂的课堂教学活动面前，我们都必须抱有“我们未必了解别人”“我们未必正确”“即使我们正确，正确的方法也未必只有一种”的谦逊态度。我们未必了解别人，所以不能简单下结论，而是需要询问、需要倾听。我们未必正确，所以对话和交流时就不能专制和压制，而是需要民主和平等。正确的方法未必只有一种，所以需要接纳多样性、鼓励多样性、探讨多样性。因为我们无法给出一个放之四海而皆准的正确答案，所以我们即便认为自己的教学方法是有效的，也只能给他人以非独断性、非强制性的指示和

---

① 拉思斯. 价值与教学 [M]. 谭松贤，译. 杭州：浙江教育出版社，2003：序Ⅰ.

指引。

需要说明的是，多用问句不是只用问句，用问句是一种手段而不是目的，用问句不是不关注结论。一般来说，一个问题就会引起一场求索，求索总会有收获，总会得出一些有价值的观点，总会反思和修正一些旧的经验。我相信，对问句的思考一定会得出结论，带来改变。这样的结论不再是没有经过分辨的简单结论，而是更深刻的、更具有多重视角的结论；这样的结论可能不是一个统一的意见，而是更多的思考与选择：它更有意义。

在大多数情况下，多样性奠定了创造的可能性，我们要相信教师能根据自己的具体情况从中选择和创造。当然，如果参与者是新任教师，他就需要在多样性中选出合理的路径和方法。观课议课强调教育真理具有境脉特征，用在观课议课实践中就是要求观课议课的教师要有权变意识。不同的参与对象有不同的需要，观课议课的教师要努力关心别人的想法，既满足别人的需要，又要引导其承担自己思考、自己选择的责任。

（三）发挥想象力探讨新的教学可能

议课的任务不是追求单一的、权威的改进建议，而是讨论和揭示教学活动更多的发展可能性：“是否还有其他可能性？”“是否可以找到其他方法？”这需要我们发挥教育想象力。以烹饪鸡蛋为例，议课的任务是使参与者除了掌握传统的煮鸡蛋的方法之外，还要多了解煎、炸、炒、蒸等方法。让烹饪者认识和了解煎、炸、炒、蒸的方法，并不是要否定、丢弃煮的方法，而是为烹饪者多提供一些选择，以满足他们的不同需求。烹饪者学会了烹饪鸡蛋的多种方法，有创造性地烹饪鸡蛋也就有了实现的可能性。

（四）运用促进思考和对话的议课模型

目前评课中存在不平等的话语关系（如图 3 所示）：由执教者说课或进行教学反思；评课者评课（执教者成为被帮助者和被改造者，评课者常常以帮助者和改造者自居）；主持人简要总结活动；参与者一起散去。在这种缺乏相互理解的对话关系中，只有单向的信息分享和观点表达，缺乏互动和交流，没有真正的讨论，也无法有新的教学发现，致使教研成为让人失望的“走过场”。

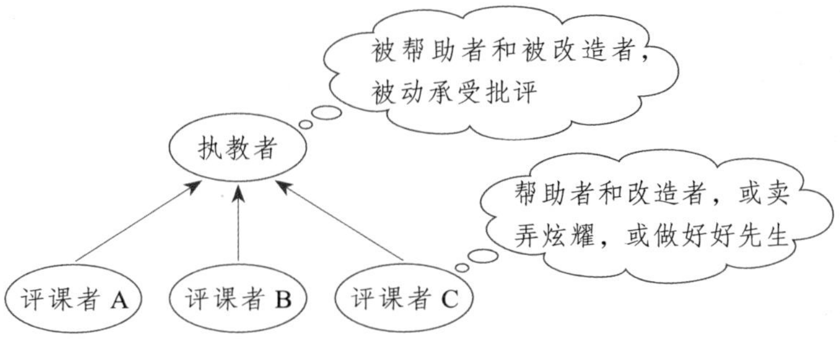

图 3　评课中不平等的话语关系

观课议课努力改变这种单一的信息传递和观点表达，构建了议课中的学习共同体与对话模型（如图 4 所示）。在这种对话关系中，所有参与者都是平等的学习者，大家或者围绕课堂上有讨论价值的故事（案例），或者借助课堂教学中的现象和事件，讨论预先确定的观课议课主题；授课教师不再是焦点，也不再被动承受批评。

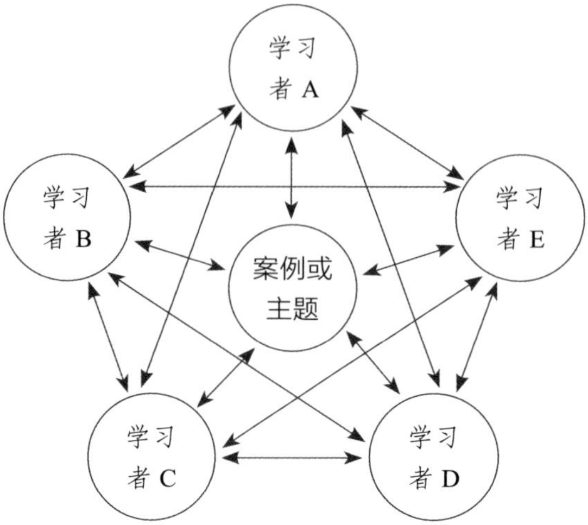

图4　议课中的学习共同体与对话模型

具体来说，我们可以这样做。比如，学习者B若对学习者A（授课教师）的教学有疑义，可以说出自己观察到的课堂现象并提出疑问；对学习者B的疑义，学习者A需要真诚回应和释疑，但在回应和释疑后，要反问学习者B："你是怎么看待这个现象的？你是怎么思考的？假如你来教，你会怎么处理？"这有利于促进参与者承担建设者的责任，而不是以批评者的面貌提问。对于学习者A的反问，学习者B有责任作答，因为这可能会引起其他学习者的兴趣，让他们得以分析和探究学习者B的意见。这样，授课教师就不再是"众矢之的"。在这个过程中，参与者关注的是学习共同体面对的课堂教学中的"伟大事物"，关注的是彼此的意见，大家共同参与讨论，一起进步和发展。

建设这种民主平等的对话关系，既需要参与者充分意识到自身的独特性，不放弃自己，不再唯唯诺诺、消极接受；也需要参与者自信而不封闭，避免"自我中心主义"，避免高傲的、拒人于千里之外的非合作态度。参与者在对话的过程中从各自固守的观点和看法中转身，观照彼此，在大家的边缘地带相互遭遇、相互作用、相互补充、相互交融、相互呼应。在这个过程中，自己融入他者，用他者的目光来反观自身，并从交流中获取新的知识，从而改正错误，达成理解。① 基于学习共同体的对话关系倡导的是合作文化、探究文化和创新文化。

（五）议课的“三忌”

1. 忌把自己当专家

议课者不能把自己定位为课堂教学的专家，不能认为自己一定比别人更懂教学。如果我们这样想，就可能显得居高临下，就很难做好观课议课。因为观课议课强调“学心”，强调“幸福是一种能力”，强调“君子务本，本立而道生”，强调“成长至上”。

人人都有表现自己、显示自己存在感的欲望，所以不把自己当专家大概是推进观课议课的第一难题。但议课者不把自己当专家，才有议课的平等，才有彼此的开放，才有自己的收获和进步。观课议课主张参与者从提供思想转为促进思想，相互砥砺，共同思考。可以说，我们只有不以专家自居，才能成为真正的课堂教学专家。

2. 忌给别人找毛病

有人认为，要显示自己的水平高，方法之一就是找出别人的毛病，在别人的课中挑出“刺”来。观课议课不主张去挑他人教学中的“刺”。任何课都会有得有失，因为教学的时间有限，教师不得不做出选择和取舍，选择的东西可能成为“得”、成为亮点，也可能成为“失”、成为不足。不挑“刺”怎么办？我们可以走向理解和探究。比如，对学生在课堂上读书少的现象，我们可以探究：课堂上学生读书读少了，是不是因为授课教师用这些时间去做了其他更有价值的事情？什么样的内容和方法可能更有价值？我们要承认，每一位教师都有依据课程标准研究教材，根据学生的实际情况选择合适的教学内容，确立合理的教学目标的专业

① 陈大伟. 观课议课与课程建设 [M]. 上海：华东师范大学出版社，2011: 69－71.

权利。

3. 忌不给对方留反驳的机会

和教师交流观课议课时，我常说发言者发言时，末尾的标点符号如果用的是句号，那就是评课；如果用的是问号，就可能成为议课。句号是封闭的，是自我意见的表达；问号是探究的，是尊重、是理解。通过问句组织起来的对话，可以在参与者之间形成一种学习的文化，而不是一种教导和评判的文化。授课教师如果没有机会表达，没有机会说明和解释，可能会在大庭广众之下受到伤害。

［案例］

话有三说，巧说为妙

——由一次观课议课活动想到的[①]

西安市未央区西航三校　孙平

2007 年 6 月，我校组织了一个观课议课活动，主题是“如何引导学生品词析句”。我校一位教师献课，教学内容是《秋天的雨》。授课结束后，诸位教师齐聚一堂。授课教师作观议说明后，议课开始。第一位教师提问：“本次议课的主题是‘如何引导学生品词析句’，但在你的课件中，那幅画和品词析句并没有直接关系，请问你将这幅画放在课件中用意何在？”这位教师的言辞甚是激烈，隐隐夹有风雷之声。授课教师当时显然缺少心理准备，脸上有些挂不住，但还是强忍着回答了。有了第一个提问者做风向标，其他议课教师就顺着这种趋势，从课堂结构、课堂组织等诸多方面提出问题，劈头盖脸地砸向授课教师。此时授课教师方寸大乱，像一位孤独的斗士疲于应付。我看得心惊肉跳，冷汗直流。自忖若是换了我，我肯定也难以招架。

① 陈大伟. 观课议课的理念与实践策略 [M]. 北京：开明出版社，2009: 135－137.

其实，议课教师提出来的问题，很多的确是授课教师在课堂上没有解决或是解决得不好的问题，而且他们的不同思路或方法，有些确实比授课教师的更有效。但问题是，他们这般暴风骤雨似的发问，可曾想过授课教师的感受？语调如此强硬，授课教师怎会平心静气地聆听，又怎能不产生抵触情绪？这样的议课方式，无疑难以达到陈大伟老师的议课初衷。

那么，在议课过程中如何让授课教师和议课教师达到一种和谐的状态呢？陈大伟老师说得好，议课的任务不是追求单一的、权威的改进，而是讨论和揭示教学活动中更多的发展可能性。因此，议课教师若和授课教师观点不同，不妨想想：你做的是煮鸡蛋，而别人做的是煎鸡蛋，原料相同，做法不同而已。议课教师也是课堂参与者和建设者，议课的目的是在双方共同的智力参与中获得解决课堂教学问题的有效方法，从而实现双赢。

中国有句俗话说得好："话有三说，巧说为妙。"议课时，议课教师应态度诚恳，提出问题时语气应委婉些，努力营造一种宽松、和谐的氛围。也许这样做效率会更高。

九、观课议课的主要实践路径

观课议课首先是教师的一种文化观念和生活方式，不同的实践主体可以有不同的实践路径和方式。我在这里分享课后反思的路径、案例研究的路径与行动研究的路径。

（一）走向对话和深度研究的课后反思

走向对话和深度研究的课后反思是对现有课后反思方式的一种升级改造。大多数情况下，课堂结束后，授课教师会进行教学反思，一般会说这样一些话：“我是这样设想的……课已经上完了，我对以下几个方面还比较满意……以下几个地方还是有问题……”授课教师说完以后，议课教师再说：“你的课有这样一些优点……有这样一些需要改进的地方……”这样进行教研反思，授课教师和议课教师缺乏互动，大家往往在自说自话，没有真正形成研究，也没有形成对未来有意义的改进。

观课议课提出的改进方式是这样的。在授课教师说出“我对以下几个方面还比较满意”时，议课教师可以追问一下：“你做出这种判断的依据是什么？”“这是不是你预先设定的？”“你做了什么才带来令人满意的效果？”“要取得这样令人满意的效果，我们以后可以坚持和实践的东西是什么？”在授课教师说“我觉得以下几个地方还是有问题”时，议课教师可以追问一下：“你得出这样的结论的依据是什么？”“是什么原因造成了这种结果？”“在以后的教学中，我们需要注意哪些问题？”“我们还需要继续研究哪些问题？”“我们需要改变和调整的东西是什么？”……

我提出这样的改进方式，有以下意愿和目的。第一，授课教师要基于专业成长的自觉，真诚地进行课后反思。可以说，很多教师进行课后反思只是为了完成任务，敷衍了事。第二，授课教师要基于证据，有根据地进行反思。无论是满意还是不满意，都要有依据，这是观课议课实证研究的基本要求。这里的证据，最好是学生学习的证据，比如学习状态、学习方法、学习的收获和进步，也就是要以学论教。第三，授课教师要承担思考和研究的责任，使观课议课走向研究。研究意味着关系发现。满意或不满意只是对效果的一种判断，这种效果和教学行为有什么关系？教学行为和教育抉择有什么关系？教育抉择和背后的教育价值观念、教育伦理有什么关系？对这些关系的思考和探究构成研究。第四，授课教师要把教学经历转化为教学经验。经历是做过一件事，比如上过一节公开课，有过一些教学行为，并产生了一定的结果。经验是通过经历获得的一种做好某事的知识和技能。上过一节公开课，参加了一次观课议课活动，都只是经历，由此有了改变、进步和收获，形成了对未来有影响、有价值的东西，才算获得了经验。参与者是否形成了带得走的东西，是评价观课议课质量和效益的重要标准。第五，教师应培养自我提问、自我研究的能力。现有的课后反思主要是授课教师自说自话，改进后的课后反思则有了其他参与者（特别是观课议课的主持人）的提问，而他人的提问可以促进我们自我反思。教师持之以恒，就可以培养出自我提问、自我对话、发现关系、从教学经历中获得反思经验的能力，促进反思性教学的发展。

在授课教师回答相关提问后，其他参与者可以分享自己有关这一问题的经验和观察。比如：有关这一点，你观察到了什么；针对这个问题，你的看法是什么；通过交流，你反思了什么；你觉得自己可以在哪些方面做出改变……这样，参与者可以在对话中形成经验的碰撞，完成更为可靠和深入的研究。

（二）案例研究的实践路径与方法

中小学教师的教学研究主要有两个典型特征：一是以教师最为关心的教学实践活动中的问题为对象，教师所研究的主要是自己（或同伴）已经遇到或可能遇到的问题；二是以教学的实践现场为主要研究场所，研究主要在教学活动的现场展开。“问题”和“现场”是教师教学研究的两个关键词。观课议课抓住“问题”“现场”这两个教学研究的关键，提炼并实践了从现场到问题的案例研究、从问题到现场的行动研究两种路径和研究模型。这里先讨论案例研究的路径。

1. 对教学案例的理解

对于教学案例，不同的研究者有不同的理解和表达。我认为，教学案例和寓言具有某种一致性。从结构和作用来看，“寓”是寄寓，“言”是人生道理，寓言就是寄寓着人生道理的故事；而教学案例就是蕴含教学疑难问题、能提供教学启示的教学故事。但是，从来源看，寓言大多是杜撰的，而教学案例多来源于真实的课堂实践和课堂观察。

对教师而言，缺乏背景和故事支持的理论学习可能是枯燥的，他们也难以在未来的实践中运用相关的理论知识；但仅仅停留在知道某一个案例的表层学习又可能是“当时热闹，过后忘掉”。为避免上面两种情况的出现，案例研究需要从具体的操作程序和方法中跳出来，通过研究教育的疑难问题，去把握更上位的教育实践方法、教育实践原则和教育实践伦理。寓言作用的实现依赖于人们对寓言意义的领悟，教学案例价值的实现依赖于人们对案例中的疑难问题和启示的研究。

因此，观课议课中的案例研究包括两个部分：观课时选取、组织有讨论价值的教学案例；议课时讨论和分析选取的案例，讨论和研究案例中各要素之间的关系和发展变化的其他可能性，研究案例中的疑难问题和启示。

2. 在观课中组织案例

案例研究的重点是学生的学，组织案例时要注意收集整理有关学生在课堂上的学习行为和学习效果的信息。观课议课的根本目的在于通过观察学生的学习行为实现教师自身的变化和发展。关注和收集有关学生的学习行为和学习效果的信息，是实施以学论教、实践有效教学的核心和关键。我甚至愿意大胆建议：如果你没有掌握课堂上学生学习行为和学习效果的真实信息并对此有一定的理解，请你不要提出课堂教学的建议。收集学生的学习信息时，观课教师不仅要坐在学生身边，和身边的学生建立信任关系，而且要充分看懂他们的学习活动。

从结构上看，案例主要包括两个要素：其一，案例是发生在一定时空背景下的典型的真实事例；其二，案例包含一个或多个疑难问题。我们可以说，教学案例就是蕴含着需要讨论、值得讨论的问题或困惑的教学故事。课堂上时刻发生着故事，但教学案例不是对课堂实际教学过程的简单再现，选取案例时我们需要做出取舍和加工。好的教学案例应该满足两个条件：第一，对课堂教学事件的描述具体，有过程，有变化，情节完整，有始有终，详略恰到好处。第二，问题具有典型性，有讨论意义，问题的解决思路具有开放性，有研究和讨论的价值。一位优秀的观课议课教师，要拥有一双慧眼，能发现最有讨论意义的课堂现象和问题；要能组织和描述好这样的故事，使课堂教学场景得以生动、形象地再现；要能提出让参与者感兴趣、愿意讨论的问题，引起大家对案例进行讨论的兴趣。

我曾经观察过一节小学四年级的数学课，课的主题是“用数对确定位置”。教师先进行课堂导入：“期中考试以后，我们要召开家长会，每位家长都要坐在自己孩子的座位上。想一想，你回去怎么跟家长说清楚你坐在教室里的什么位置？”第一位学生说：“我会跟妈妈说，我坐在从前门进来的第 1 排的第 4 个座位。”教师很高兴，但他只关注了“第 1 排”和“第 4 个”，没有意识到“从前门进来”的意义和价值，更没有阐明基于“从前门进来”这一前提，按照数对的书写规则，这位学生的位置可以被描述为数对（4，1）。因此，教师在后面的教学中遇到了麻烦。在讲另一个数对（3，2）的意义时，这位教师说“3”代表列，“2”代表行。有些学生不明白为什么“3”不可以代表行，“2”不可以代表列。这位教师解释说这是规定好的。学生又问为什么这样规定，为什么不那样规定。教师解释了一阵，但学生的表情告诉我们，他们对这样的解释很不满意。

要把课堂上的教学现象和事件加工成教学案例，一是需要把冗杂的课堂信息整合成教学故事，要注意起因、过程和结果的完整性，并注意凸显重点细节，删减无关细节，等等。二是要使故事具有讨论价值，从教学故事到教学案例，需要有从“用句号结束”到“用问号引起讨论和对话”的变化。在上述故事中，我们就不能简单地说：“你这里没有处理好‘从前门进来’这个细节。”如果这样说，故事就结束了，议课就又成为下结论的评课了。接下来，我将具体讲述该如何对这节课进行有效的议课。

3. 在议课中研究案例

在“用数对确定位置”这一节课的课后议课中，我们围绕“学生对妈妈说的‘从前门进来’有什么意义”“怎样才能让学生更好地接受用坐标确定位置的方式是约定俗成的”两个问题展开对话和讨论，在对话和讨论中相互理解，共同探讨了改进教学的思路。

最后，大家意识到，“从前门进来”明确了确定位置的起点，只有明确了起点，后面的数字才有意义。用数对确定位置，需要一个起点，它就像确定地图方位、确定航海航空位置等活动的坐标原点。这个起点因为涉及面广，所以不能随意变化，必须约定俗成、相对稳定。在数对（3，2）中，3代表列，2代表行，这是很早以前就有的国际约定。在没有新约定之前，我们只需要接受它，并通过它寻找位置。

意识到学生的答案的意义后，我们讨论了新的可能的教学思路。我们紧紧围绕学生的疑问，提出以下问题组织大家讨论：

为什么要说“从前门进来”？这有什么作用？

“第 1 排”是指什么？如果不说出来会出现什么情况？

“第 4 个”起什么作用？如果不对其进行说明，又会出现什么问题？

“从前门进来的第 1 排的第 4 个座位”可以怎么写？

“从前门进来的第 1 排的第 4 个座位”与数对（1，4）有什么区别？

我建议大家在进行案例讨论时采用以下流程。

第一步，议课应建立在课堂上真实的故事和情境的基础上，因此案例讨论首先需要由观课教师描述自己感到困惑的教学故事，同时提出针对课堂现象梳理出的值得讨论的问题。这样可以使讨论通过现象触及问题，使现象讨论有意义，有指向问题的针对性。

第二步，参与者听取授课教师讲述自己的理解和思考。其目的一方面是了解授课教师的教育价值观念，另一方面是帮助授课教师梳理和澄清自身的教育理想与追求，同时参与者也能梳理出教育假设、教学方案、教的行为、学的行为、学的效果之间的联系，获得教学的初步经验。

第三步，提出问题的教师发表意见和看法。一般情况下，提出问题后，教师应该对这个问题有所思考。我们需要给他机会，让他说出来，让他能在表达中梳理意见，呈现自己的思考。

第四步，所有参与者围绕教学故事和前面已提出的问题和意见发表自己的看法，相互质询、讨论和交流，以达成对困惑和问题的理解。

第五步，所有参与者总结案例研究的问题，对相关问题的理解，对解决相关问题达成的共识，以及需要继续讨论的问题，等等。这样，可以形成观课议课活动的成果，使讨论活动有收获，形成带得走的东西。

4. 案例研究的取向

有效教学是教学研究的一个重要目的，以学论教是观课议课的定位和依据。从学习效果出发，我们可以把教学案例分为学习效果比较理想的案例，学习效果不太理想的案例以及一时看不清楚效果、存在疑惑的案例。对不同的教学案例进行研究，应有不同的目标指向。

（1）从效果理想的案例中发现有效教学的实践策略

我们可以借鉴和模仿效果理想的案例，但如果缺乏对其深入的研究，盲目地借鉴和模仿就可能是东施效颦，效果也会南辕北辙。德国教育家沃尔夫冈·布雷岑卡（Wolfgang Brezinka）认为："教育行为只能在目的—手段关系的框架中才能得到理解。……教育科学并不是一种只描述事实的科学，而是一种分析目的—原因的科学。"[①] 研究效果理想的教学案例，主要目的在于发现达成理想效果的手段和方法，从中找到能为参与者所用的教学策略，通过从"个"到"类"、从"典型"到"一般"的研究和概括，解决好案例知识的"远迁移"及在更大范围内应用的问题。

有这样一个案例：

生物教师马老师刚进教室，学生就大笑起来。原来黑板中央挂着个吹得胀鼓鼓的猪膀胱，旁边还写着："请讲讲猪尿泡是怎样割下来的，有什么功能？"马老师没有气恼，只是静静地说："这位同学用生动直观的方法提了一个生物学问题。看来这位同学对解剖学很感兴趣，有很强的求知欲。因此，我不认为这位同学的行为是完全错误的，说不定他还会成为一位解剖学专家呢。不过，大家笑也是有道理的。提猪尿泡的问题就挂一个猪尿泡，这是完全没必要的。难道提出关于人脑功能的问题也要挂一个人脑吗？"马老师接着说："敢于提问很好，但这个问题现在还不该讲，过一段时间我们会讲这个问题的。到时候希望提问题的同学能认真听。"下课后，一位学生主动承认了错误。[②]

---

① 布雷岑卡. 教育学知识的哲学：分析、批判、建议 [J]. 华东师范大学学报（教育科学版），1995(4): 6.

② 郭启明，赵林森. 教师语言艺术 [M]. 北京：语文出版社，1998: 134-135.

“一位学生主动承认了错误”，这个案例里有一个比较理想的结果。面对这样的案例，我们不能仅仅停留在对教师的个人魅力的赞美和欣赏上，因为这样的赞美和欣赏只是一种“临渊羡鱼”，而研究意味着要“退而结网”，要从效果理想的案例中得到启示，从中找到达成理想教育效果的方法，获得能为参与者所用的实践策略。研究这个案例，我们可以总结出以下应对教学意外的策略：①学生搞恶作剧时，教师不要气恼，要接纳学生的不成熟，理解他们的淘气（甚或是恶作剧的）举动；②要肯定学生言行中值得肯定的部分；③教师要尽到教育和引导的责任，具体而有针对性地指明学生的错误；④要说明解决问题的正确态度和方法，要让学生看到教师对他们的合理要求、意见的重视和尊重。

（2）找出教学案例效果不太理想的原因并进行教学重建

面对效果明显不理想的教学案例，我们需要找准原因，并根据原因对症下药，进行教学重建。

我曾经观察过一节小学数学课：

授课教师将题目写在黑板上，然后在四个大组中各找一位学生上台演算。这四位学生演算时，其他学生无事可做，有的开起了小差。授课教师问学生：“你们组的代表在做题，你们该做什么？”学生说：“给他们加油。”授课教师不假思索地说：“对，大家可以为本组的同学加油。”学生一下来了劲：“某某某，加油！”“某某某，加油！”紧张带来了压力，四位学生中有三位做错了。授课教师另外找了四位学生检查，其中又有两位学生不知道什么地方错了。授课教师很生气地说：“你们刚才在干什么？这么明显的错误都没有发现！”这两位学生低下了头……

我与授课教师课后进行了交流。

我：某老师，这两位同学没有发现明显的错误，你觉得原因是什么？

授课教师：同学们在黑板上演算的时候，他们在开小差。

我：我注意到他们之前在喊“加油”，他们的心思都用在这上面了。

授课教师：看来，我不该批评他们。因为是我要求他们给同学加油的，他们是按我的要求做的。

我：那你当时是怎么想的？

授课教师：我觉得课堂上太冷清了，下面的学生没有事做。不是说要让学生动起来吗？我觉得喊“加油”可以让学生动起来，而且可以活跃课堂气氛。

我：在课堂上是要让学生动起来，这我很赞成。问题是，（在课堂上）是智力活动还是肌体运动更能促进学生的智力发展？

授课教师：主要还是智力活动吧？

我：对呀，只有肌体运动没有智力活动是达不到促进学生智力发展的目的的。如果要让更多的学生参与到智力活动中，你觉得在这个环节中可以做哪些调整？

授课教师：我想，可以让其余学生在下面做一做黑板上的题，然后让他们对比自己和那四位同学的做法是否一致。

在分析和研究效果不理想的案例时，要尽量避免在学生身上找问题，因为这样不仅不利于教师自身的成长和进步，而且可能使教师不再信任学生，甚至可能恶化师生之间的关系。事实上，学生不理想的学习行为、学习效果或多或少都和教师不合理的教学行为有关，教师不能讳疾忌医，而是应直面问题，在自己身上找原因，找准了原因，教学的重建才有可能。

美国哲学家、教育学家约翰·杜威（John Dewey）在《民主主义与教育》中说：“如果思维不和提高行动的效率联系起来，（不和增加关于我们自己和我们生活的世界的知识联系起来）这种思维就是有毛病的。”[①]

---

① 杜威. 民主主义与教育 [M]. 王承绪，译. 北京：人民教育出版社，1990: 167.

教师研究教学案例的根本目的不在于认识和理解教学案例，而是从案例中获得实践性知识，用所获得的实践性知识改善未来的教育实践，提升教育实践的合理性和有效性。这个过程就是教学重建的过程。

教学重建不仅包括教学行为的重建，而且包括教学观念的重建（比如，对“老师让学生动起来才能更好地促进学生学习”的观念进行变革；认识到学生在课堂上出现的问题大多和教师不当的教学行为有关），以及教学思维方式的重建（比如，教学效果不理想，教师要多在自己身上找原因；要针对原因寻找解决问题的办法）。案例研究要特别关注教学观念和教学思维方式的重建，可以说，教学观念、教学思维方式的重建对教师的专业发展更为重要，甚至具有决定意义。

在上述案例中，教师的教育假设“学生动起来比学生不动效果要好一点儿”影响了教师的行为选择——教师支持学生为自己组的同学喊“加油”。教师的行为影响了学生的行为——学生大声喊“加油”，造成大家不再关注做题情况，转而关注哪一组喊“加油”喊得更好。学生的学习行为影响了学习的效果——他们连很简单的错误都看不出来。学生的表现使教师形成了新的教学判断——学生没有认真听课。新的教学判断导致新的行为——批评学生。被批评的学生的行为（低头）不仅反映了学生的情绪变化，而且会影响学生新的行为选择……只有认清这些联系，教师才能检视自己的教学观念、教学思维、教学行为，形成新的教学理解，产生新的教学设想，促进专业发展。

这次观课议课帮助我建构了教学效率公式：教学效率 = 学生围绕合理的教学内容进行比较紧张的智力活动和有价值的情意活动时间 / 教学投入时间。这也是观课议课建构教学理论、发展教学理论的一个有效案例。

（3）研究存有疑惑的教学案例时既要“入乎其内”又要“出乎其外”

在研究一时看不清楚效果、存在疑惑的教学案例时，我们既要“入乎其内”，理解当事人的教育教学行为，又要“出乎其外”，超越性地、批判性地认识当事人的教育教学行为。我们先看一个案例。

在一节语文课上，学生不由自主地为一位读书很有感情的同学鼓掌。掌声停下后，授课教师对学生说："对不起，我忘了跟大家说，请大家不要在我的课堂上鼓掌。"班上的学生表情不一。

授课教师的做法让习惯使用鼓励教育法的教师不解。面对这种让人不解的案例，我们不能囿于成见，不能简单地对其进行肯定或否定，而应以"空杯心态""入乎其内"，理解授课教师的行为。在这里，我们不能将理解的对象仅仅停留在具体的行为上，行为蕴含理念，所以，更重要的是理解行为背后的价值和理念：他为什么会这样说？他这样做是基于什么样的考虑？

一般来说，授课教师之所以会拒绝学生鼓掌，有以下两个原因。其一，学生往往只为优秀的学生鼓掌，学业相对落后的学生可能始终无法得到同学的掌声，这会使他们丧失自尊和自信。课堂上的掌声形成了马太效应，扩大了学生与学生之间的差异。经常获得掌声的学生还有可能看不起没有得到过掌声的学生，导致学生之间产生对立情绪。其二，在课堂上很多时候大家只是为结果鼓掌。课文读得好："棒棒棒，你真棒！"回答问题很精彩："行行行，你真行！"……由于鼓掌的学生没有对受鼓励的具体行为进行说明，被鼓励的学生不知道自己该坚持什么，其他学生也没有从中得到努力和成长的方向指引，也不知道可以从中学习什么，这样的鼓励价值不大。理解了这两个原因，我们就会对授课教师的用心心生敬意。

在尽可能"入乎其内"，理解授课教师的想法以后，我们还要在研究的基础上，"出乎其外"，对授课教师的做法有所批判和超越。比如，我们可以进一步研究怎样更合理地通过鼓掌的方式促进学生成长进步。我们可能会形成这样的认识：不能因为某个人先天因素的差异（比如智力水平和能力的差异）而鼓掌，但可以为某个人后天的努力和成功的方法而鼓掌。我们不能因为某个人的答案精彩而鼓掌（这可能使某些学习能力相对较弱的学生得不到掌声），但可以为他获得这个答案所付出的努力和采取的有效方法而鼓掌。在鼓励和奖励时，我们要说明鼓励和奖励的原因，使评价不是指向评判优劣而是指向寻找方法。推而广之，鼓励和奖励是这样，惩戒也应该是这样。课堂上是可以有惩戒的，但惩戒的对象应该是违规的行为，而不是某个人先天的能力水平差异。比如，学生没有完成作业，如果是因为能力不够无法完成，我们是不能批评的；如果是因为态度问题——学生不承担学习的责任，我们就应该批评教育，这样的批评教育是为了促进他们进步，是对学生的成长负责任。

（三）观课议课的行动研究路径与方法

从问题到现场的行动研究需要预设和提前计划，具有一定的科研属性。施良方教授以一组教育活动为背景，描述了行动研究的循环过程：

①当我的教育价值观遭到实践否定时，我碰到了问题。（比如：我的学生在我的课上并不如我所要求的那样积极参与。）

②我设想如何解决这个问题。（重新组织以使他们积极性提高，是用小组活动的形式还是进行结构性练习？）

③我实施想象中的解决方案。（我让他们进行小组活动，并引入了有结构的练习，使他们在没有我经常监督的情况下，提出和回答问题。）

④我评价我行动的结果。（我的学生参与性强多了，但他们太吵闹，并且在有结构性练习的情况下仍依赖我。）

⑤我根据自己的评价重新系统地阐明问题。（我必须找到一种方法，使他们既积极参与又不太吵闹；我必须找到一种方法，使他们在自身的发展中更具有独立性。）[①]

基于对行动研究的循环过程的理解，观课议课建构了行动研究的流程（如图 5 所示）：

① 施良方. 中学教育学 [M]. 福州：福建教育出版社，1996: 504－507.

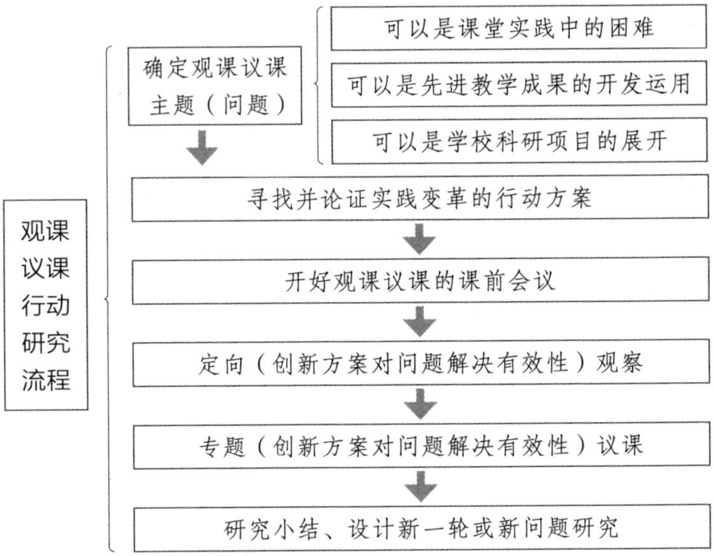

图 5　观课议课的行动研究流程

为避免重复前文，我在这里主要就前三个环节做一下说明。

1. 发现和提炼观课议课主题的方法

阿尔伯特·爱因斯坦曾说："提出一个问题往往要比解决一个问题更重要，解决一个问题也许只是数学或实验技巧上的事情而已。而提出新的问题、新的可能性，从新的角度去看旧的问题，却需要创造性的想象力，标志着科学的真正进步。"[1]问题是行动研究的起点，但很多教师"不识庐山真面目，只缘身在此山中"，很难发现和提炼自己的研究问题。我在这里分享一下发现和提炼问题的方法。

（1）透过现象，发现并提炼问题

一位在一所九年一贯制学校分管科研的副校长曾给我发微信："我

① 爱因斯坦，英费尔德. 物理学的进化 [M]. 张卜天，译. 北京：商务印书馆，2019: 72.

们的教师十分想进行小专题或小课题研究，但我感觉他们提出的问题很多都不是真正的问题。我也说不清楚，也不知道怎么指导。”我请他把教师们提出的问题告诉我。他们提出的问题包括：“男生在课间总是发生矛盾；回寝室后，学生不能快速洗漱后抓紧时间阅读；学生在书写时的握笔姿势和坐姿总是不正确；学过的词语，学生复习后再听写还是会出错……”

问题出在什么地方？我认为教师们把现象当成了问题，但现象不等于问题，提出问题前需要深入现象、研究现象。针对现象研究原因，找准原因以后才能找出问题。我们可能会发现：有的问题能够解决，可以成为研究课题；有的问题不能解决（比如先天遗传因素导致的问题），就不能成为课题。例如，“男生在课间总是发生矛盾”是我们看到的现象，出现这种现象有可能是因为青春期的男孩有自我表达的需要，也有可能是因为他们彼此拉帮结派……结合上述原因，我们可以考虑是否选择“青春期男生课间行为指导”作为研究主题。在小学低年段，学生“书写时的握笔姿势和坐姿总是不正确”的现象比较常见，我们要考虑学生的身体特点及教师要求学生保持相应姿势的时长。如果教师本身的要求太高、要求的时间太长，教师只需要改变和调整自己，不一定要用立项的方式，花较多的时间来研究。至于“回寝室后，学生不能快速洗漱后抓紧时间阅读”，恐怕不是学生的问题，而是学校的管理和指导思想出了问题。学生下晚自习了，洗漱好以后就该安心睡觉，为什么还要他们“抓紧时间阅读”？这样的阅读有什么效果？对学生可能产生什么样的影响？

印度电影《地球上的星星》中也有这样的案例。尼克老师家访时，伊桑的父母说自己的孩子伊桑调皮捣蛋、成绩差，想让他转学。尼克老师提醒伊桑的父母，这只是现象，他们要找到现象背后的原因。和我们大多数家长一样，伊桑的父母只看到现象并因此而着急，没有想到去找原因，研究原因。尼克老师发现伊桑成绩不好是因为他患有阅读障碍症。对于先天的遗传性疾病我们没有办法改变，但伊桑无法正常学习的最重要的原因其实是伊桑的父母采取了一系列错误的行为。他们缺乏对伊桑的理解和接纳，缺乏对阅读障碍症患者在某些方面的优势技能的挖掘，只是一味地用正常孩子的标准要求伊桑。尼克老师让伊桑的父母明白了问题的根源，伊桑的父母也渐渐理解了伊桑，让伊桑继续留在这所学校。而尼克老师也在教学上做出相应的改变，比如，信任和鼓励伊桑，用其他方式帮助伊桑进行阅读和理解，用美术活动激发伊桑的潜能，这些举措让伊桑有了健康的发展。

曾经有一位做教师的家长朋友给我发微信："陈教授，有个问题想请教一下。我的孩子上初二了，昨天她的成绩出来了，每科都是C，刚及格。作为母亲，我知道要去帮助她，但心里仍然十分郁闷、十分焦虑。"借鉴上面案例中的思维方式，可以说，孩子成绩不好只是现象，我们要研究现象背后的原因是什么。（比如，有可能是孩子学习愿望不强，学习方法不当，过去"欠账"太多，父母要求太高导致孩子逆反，等等。）哪些问题是无法解决的？哪些问题是孩子需要解决的？哪些问题是老师和家长可以解决的？……只有找出并解决我们可以解决的问题，才能带来真正的转变。生气和抱怨无法解决问题！

（2）借助自我反思找到问题

孟子说："爱人不亲，反其仁；治人不治，反其智；礼人不答，反其敬。行有不得者，皆反求诸己。"这句话的意思是，"我爱护别人，别人却不与我亲近，那我就应反省自己在仁爱方面做得够不够；我管理别人，却没有达到预期的效果，那我就应反省自己的管理能力和知识是否有问题；我礼貌地对待别人，却得不到相应的回应，那我就应反省自己对别人的尊敬够不够。凡行为达不到预期的效果，都应该反过来检查自己。"这是运用反思的方法找出问题。

我曾经在一位教师的博客上看到一段话："你们为什么不能乖乖的？为什么要明知故犯？为什么要把我的话当耳旁风？为什么我在认认真真地讲课，而你们却心不在焉？我时常用沉默来表现我对你们的无奈，但愿你们能了解，学乖一点儿。"

在她的博客留言板里，我提出了这样的建议："学生把我们的话当成耳旁风，这是我们遇到的问题。我们能不能针对问题转变提问方式？你提出的问题是'（学生）为什么要把我的话当耳旁风'，我建议改为'我讲的话为什么会被学生当耳旁风'。"这样，我们就变为研究"我要怎样选择和组织对学生有意义的教学内容""我应该用什么方式让学生喜欢听我的课"。只要我们不抱怨为什么没有遇到喜欢自己的学生，并坚持研究和改变，我们就能创造出适合学生的教育方式。

（3）用批判的态度和理性的思考发现问题

在人教版小学语文四年级下册的课文《两个铁球同时着地》中，意大利天文学家伽利略·伽利雷（Galileo Galilei）不迷信人人都敬畏的亚里士多德（Aristotle），敢于怀疑，充分运用理性思考的方法。亚里士多德认为："两个铁球，一个 10 磅[①] 重，一个 1 磅重，同时从高处落下来，10 磅重的一定先着地，速度是 1 磅重的 10 倍。"伽利略·伽利雷这样怀疑和推理："如果这句话是正确的，那么把这两个铁球拴在一起，落得慢的就会拖住落得快的，落下的速度应当比 10 磅重的铁球慢；但是，如果把拴在一起的两个铁球看作一个整体，就有 11 磅重，落下的速度应当比 10 磅重的铁球快。这样从一个事实中却可以得出两个相反的结论，这怎么解释呢？"可以说，不迷信权威，理性地进行怀疑和批判，是发现和研究任何问题都不能缺乏的科学品质。

（4）在学习中变换角度，找出问题

2004 年第 11 期的《人民教育》刊发了"新课程背景下如何评价一堂课"的相关文章，其中有一篇是《评课究竟谁说了算》。文章的作者没有仅仅停留在接受讨论者的意见，也没有顺着"谁说了算"中"谁"的思路展开自己的研究，而是另辟蹊径，立足研究"算"。可以说，一个

① 1 磅 ≈0.453 千克——编者注

“算”字抓住了课堂教学研究的“牛鼻子”，打开了认识、研究课堂教学的另外一扇窗户。角度一变，我们看到的风景也就截然不同了。它启示我们：在怀疑、批判和研究时，我们要学会变换角度。

变换角度是改变原来的思维方向，从不同角度、不同层次去发现、探索新天地，它不以否定原有结论为前提，但它需要摆脱以往的思维定式和已有知识的影响，另辟蹊径。变换角度还可以采用发散思维。发散思维具有不定向性，得出的思维策略具有灵活性和开放性，得出的思维结果也往往具有多样性。以发散思维的方式去观察和思考，就可能发现新的可供研究的问题。

（5）在前人的基础上接力研究问题

卡尔·马克思曾经说过，人们自己创造自己的历史，但是他们并不是随心所欲地创造，并不是在他们自己选定的条件下创造，而是在直接碰到的、既定的、从过去承继下来的条件下创造。

科学巨匠艾萨克·牛顿认为自己比别人看得更远是因为他站在了巨人的肩膀上。人类的研究和发展总体上是以接力的方式进行的。我们的研究要站在巨人的肩膀上，我们既要对提供肩膀的巨人表示敬意和谢意，也要学会承担比巨人站得更高、看得更远的责任。我们要勇于创新，敢于超越，研究具有挑战性的问题，继往开来。

2. 寻找实践变革的行动方案

我们之所以做行动研究，是因为原有的行动效果不理想，出现了问题，我们想用新的行动去达成一种理想的效果。新的行动是针对问题的、指向实践变革的行动。所谓“不打无准备之仗”，变革的行动需要变革的实践方案，拟定行动的方案是行动研究的首要前提。

（1）从以往成功的经验中挖掘方案

遇到问题后，我们首先要想一想自己以往的实践经验：有没有哪一次教学的效果比较好？有没有哪一个做法比较成功？当时是怎么做的？为什么那样处理会有效果？可以从中借鉴的东西是什么？

想完自己，我们还要想一想自己周围的同事：关于这一类教学问题，学校里的哪一位同事做得比较好？他是怎么做的？他的哪些做法我们可以借鉴？如何学习和借鉴他的方案？

首先从自己和同事身上寻找成功的变革方案，一是可以增强自我认同感，二是来源于自己和同事的成功经验更具可行性，可能更有实践意义和价值。这是对实践经验的尊重，对自己作为专业人员的尊重。

上海市教育科学研究院的顾泠沅先生曾主持“青浦实验”，实验得出的一条重要经验就是要善于提炼实践的经验、身边的经验。1977年，顾泠沅先生组织青浦县（即今天的青浦区）的高中毕业生进行数学统考。他和同事们发现，当时那里的学生成绩之差让人震惊。为了提高学生的数学成绩，他们开始做进一步的调查。经过调查，他们不仅发现学生在学习态度、学习水平和学习方法上的差距，而且发现很多教师的教学方法也存在问题，同时还发现了基层教师的160多条成功经验。他们对这160多条经验进行检验和筛选，提炼出了“尝试指导、效果回授”的教学策略，然后将这个策略运用于实践，进行操作设计和观察研究，最后将小范围的成功经验推广至很多地方。所谓“十年磨一剑”，他们的研究取得了巨大的成功。“青浦实验”从实践中发现，而不是单凭想象去发明的变革思路值得我们研究和借鉴。

（2）从曾经的学习经历中寻找方案

如今的教师，绝大多数进行过专业的学习，受过教师专业的训练。在接受师范教育的过程中，他们一定会对实践中的某些问题有所学、有所思，这些学过和思考过的东西，不要走出校门后就忘了，要加以运用。比如：执教诗歌时，就要想想意象、意境等方面的知识，引导学生用好相应的分析框架。可以说，教师在大学里学习的东西都或多或少对其工作有帮助，关键在于教师当时是怎么学的，现在是否想到去用，以及是否知道根据实际情况灵活运用。

（3）从文献和资料中寻找方案

在互联网时代，知识进一步走向开放，交往进一步扩大，人们获取知识和信息越来越容易，渠道越来越多样。手机、电脑不只是用来玩儿、用来交往的，更重要的是用来学习、用来工作的。遇到问题时，阅读专业书籍、在互联网上进行查询都是寻找解决方案的途径。

在泰国教育短片《老师的心》中，主人公正是通过阅读，寻找到解决问题的方案。班上来了一位患有自闭症的学生，带班老师过去没有带过这样的学生，周围的同事也没有类似的经验，怎么办？读书！通过阅读专业书籍，带班老师了解到移动的东西更容易引起这类孩子的注意，于是做了纸风车进行观察，发现这位学生对转动的纸风车非常关注。有了这样的学习和发现，带班老师在后面的教学中改用安装了纸风车的教具，这位学生的学习情况因此有了一定程度的改善……这就是“用以致学”，也就是基于运用、基于实践中的行动需要进行学习和研究。

3. 从多个角度论证实践方案

从道德和理想的角度来说，我们不能接受教育的失败。因此，教育实践活动既不能无所作为，也不能任性胡为。教育实践不能冲动、不能蛮干，我们需要深思熟虑。为了避免失败，我们应对变革的行动方案进行以下几个方面的考量。第一，变革的目的是纯粹的，它的动机是更好地促进学生发展，它的原则是学生发展利益至上，学生发展利益优先。第二，若用现有的理论和经验审视，变革的实践应对学生的发展更有利，而且是可行的。第三，在教学创新的过程中，要有可以及时对变革的行动方案进行调控和纠偏的机制。第四，若变革持续时间较长，参与者投入较多，要将相关事宜通知当事者（或监护人），并尽可能征得他们的同意，以形成变革的合力。

4. 开好课前会议

课前会议大致有两个任务：一是授课教师进行观课说明，二是讨论观课议课的任务和方向。

（1）授课教师进行观课说明

在和老师交流时，我常常问这样一个问题："如果你遇到一个果农，他提着一篮葡萄请你品尝，你会吃他的葡萄吗？"大多数老师都摇头表示不会。我会接着讲下去——"这个果农热情地邀请了三个路人，三个路人都疑惑地摇摇头走开了。有人问这些路人为什么不吃果农的葡萄，第一个人说：'他请我吃葡萄，是不是要请我办什么事？我不吃葡萄，可以少惹麻烦。'第二个人说：'我是琴师。我看他的样子比较笨，教这样的人肯定费劲，我还是不吃为好。'第三个人说：'我是采购员。他用几颗葡萄就想收买我，门儿都没有！'现在我要告诉你，这位果农是怎么想的，他有什么样的动机。他心里想的是'今年风调雨顺，葡萄大丰收，我心里真高兴，我要把葡萄分给大家吃；感谢老天爷的恩赐，同时也让大家分享我的成功和快乐'。在你知道果农的动机和心愿后，你会吃他的葡萄吗？"我发现，刚才摇头表示不吃的人大多表示愿意吃了。

为什么会发生改变？因为我们对果农的行为有了了解。不了解情况的时候，我们就会根据自己的经验，从自身的角度出发去看待别人，就可能误解别人。我们可以把授课教师看成果农，把他上的课看成果农贡献出的葡萄，我们需要问自己："你了解他的追求和想法吗？"我们必须承认，很多时候我们不了解，或者说不完全了解。增进了解是课前让授课教师做观课说明的主要目的。

那授课教师说什么呢？观课说明属于说课范畴，但它又与平常的说课有所区别：平常的说课不仅需要对课堂教学的各个方面进行说明，而且需要论证；观课说明则不必面面俱到，从节约时间的角度出发也不需要论证。一般来说，课前的观课说明可以侧重以下三个方面的内容。

一是要介绍教学背景，包括课程基础、学生状况、特殊学生情况、目标任务等。我们发现，在评课的时候，很多观课教师并不清楚教学的进程和背景，有时他们会批评授课教师没有在第一课时完成第二课时的教学任务，有时他们会批评授课教师没有完成某项相关任务（事实上，授课教师在之前的教学中已经完成了）。授课教师通常也只能虚心“接受”批评。介绍教学背景的目的在于增进观课教师对课堂情况的了解，增进观课教师对本课教学的基础和后续发展的理解，这可以避免观课教师在不知道教学背景和全局的情况下信口开河。

二是要介绍自己的教学创新。我曾经上过一次人教版小学语文六年级下册的《卖火柴的小女孩》，我认为这一课的难点是，如何理解作者强调小女孩死时“嘴上带着微笑”和“谁也不知道她曾经看到过多么美丽的东西，她曾经多么幸福，跟着她奶奶一起走向新年的幸福中去”里面的“幸福”。如果把它理解成作者在批判资本主义社会的贫富不均的现象，我认为不符合作者的思想。我想到的解释是：善良的安徒生不忍心让这样一个可怜的小女孩死得有遗憾、死得痛苦，所以安排了她死亡时的幸福的幻景，体现出了他对小女孩的一种终极关怀。我上这节课是想讨论这样的处理是否具有合理性和可操作性，是否还有其他更合理的处理方式。但课前我没有做观课说明，大家并不知道我想研究和讨论这一问题，所以评课时从各个侧面进行表扬和批评。听着大家的批评，我突然意识到：若没有机会表达教学追求，或者表达出来也不被理解，授课教师只能选择求稳，采取能迎合多数人的做法，而且要预先下足各种功夫——多次试讲、反复锤炼、做好包装。授课教师将被迫放弃值得尝试的探索和创新。

面对授课教师的教学创新，其他参与者不能先入为主、主观臆断，而是应先接纳、先倾听，以审视和研究的态度理解教学创新。这样做可以体现出对授课教师的尊重，而且可以避免授课教师为迎合其他人而采用老教法，从而促进教学创新。

三是要介绍本课的教学设想和将要展开的主要教学活动，提示重点观察的现象和时机。比如，授课教师可以针对观察对象提出要求：“我班上的几位学生上课时总不能集中注意力，我也不知道他们上课时在干什么。我要照顾全班学生，不能仔细观察和研究他们。我请大家在观课时悄悄观察和研究他们，看一看他们到底在干什么，然后帮我想想解决的办法。”议课时，观课教师不要什么都说，就提供授课教师想要了解的相应的信息即可，大家就相关问题和现象交流和讨论。这是我们期望的一种理想的教研状态。

在授课教师做观课说明时，观课教师可以询问，也可以提出自己的问题和意见。但一般情况下，我们不主张提过多的反对意见，以免干扰授课教师的教学设计和信心，特别是在授课教师尝试教学创新的时候，我们更不能轻易和简单地否定，而是应在观课后再共同讨论。

我建议，无论是参与者确定、分解观课主题，还是授课教师进行教学说明，都要在学生不在场的情况下进行。我们最好不要当着学生的面把“我将怎么教”“期望学生有什么样的反应”一股脑儿地说出来，说出来就没有意思了。不当着学生的面说还可以避免学生因此有意做出某些特别的表现。学生始终是课堂的主人，他们需要被尊重，所有教研都需要避免让学生产生自己是工具的想法。当着学生的面说，就可能使学生感到自己被当成了促进教师发展的工具。

（2）讨论观课议课的任务和方向

在观课议课中，我们不提倡一味地用预制的量表去观察、统计教师和学生的课堂行为，但课堂研究需要一定的目标和方向。行动研究之前观课议课的主题已经确定了，课前会议需要对观课议课的任务和方向进行分解与讨论。这一过程可以使观课议课所研究的问题结构化和体系化，使其具有内在关联性和一致性，同时它也可以引导参与者在一定的框架下进行准备、观察和讨论，以增强观课议课的有效性。实践中，我们常使用以下几种分解框架。

一是目标、手段和效果的框架。例如，在一次以“找规律”为主题的数学观课议课活动中，参与者预先确定的观课议课主题是“如何让学生经历‘感知规律—探索规律—应用规律’的认知过程”。参与者据此确定的观课议课方向为：①授课教师在教学中，有没有引导学生充分感知规律？授课教师采取了哪些有效的方法让学生体会周期性现象？②在探索规律的教学环节中，学生采取了哪些策略？③学生在应用规律的教学环节中，有没有提升对规律的运用能力？④本节课的教学对你有什么启示？议课方向紧紧扣住了感知规律、探索规律、应用规律三个教学环节，具有一定的实践性和操作性；但也存在各方面彼此分割，内在关联性不强，对这一节课的教学无法形成有内在关联的结构研究的问题。

我们建议，可以按照以下方向进行观课议课：①本课希望学生认识和体会的规律是什么？这一课的主要目标是发现数学的某一个周期性现象的排列规律，还是根据这一数学排列规律发现判断在某一位置上应该是什么物品的简便方法？②引导学生发现规律的基本路径是什么？如何基于生活情境，让学生经历概括化、抽象化、模式化的数学学习过程，体会数学的方法和思想？③授课教师如何引导学生发现规律？主要采取了哪些教学行为？④学生发现规律的主要方法有哪些？效果如何？

二是原有基础、学习目标、教学手段、教学效果的框架。例如，在一次以“尝试和猜测——鸡兔同笼”为主题的观课议课活动中，参与者提出的观课议课主题是“如何将教学目标的设置与学生的发展进行有效统整”。参与者在这一主题的统领下，主要围绕以下几个方向观察和讨论：①这一节课是基于什么样的教学基础确定学生学习和发展的目标的？大家围绕这个问题，回顾了小学三年级教过的列表法，讨论了北师大版教材和人教版教材有关这部分内容的编排差异，分析了学生后续学习的要求，从而实现了更好地理解教材的目的。同时，大家还讨论了如何针对不同学生的学习基础安排有差异的教学活动。②应该如何设置这一节课最佳的发展目标？大家讨论了学习“逐一列表法”“跳跃式列表法”“取中列表法”的意义和以此为基础的后续学习，分析了在列表中渗透函数思想、引导学生发现规律的方法。③教学如何更好地促进学生发展？大家分析了授课教师的教学策略、路径、方法，讨论了实现目标的更多路径和方法。④学生在本课中学习的过程和结果是什么？课后结合课堂上的观察，参与者分析和讨论了学生的学习过程和学习效果，提出了改进的措施。

三是理性思考、实践活动、实践效果的框架。这主要是指针对具有实验性质的课堂教学的观课议课。例如，在一次观课议课活动中，观课议课的主题为“探索指导学生阅读的有效策略”，课堂教学内容为人教版小学语文四年级上册的《卡罗纳》。为了更有效地开展观课议课，我建议将观课议课的方向做如下分解：①指导学生阅读的策略有哪些？每种策略分别适合什么样的对象？在具体操作时，要采取哪些程序和方法？②授课教师采取了哪些策略？他采用这些策略和方法的依据是什么？③授课教师的策略是否有效？学生阅读的过程和效果如何？执教本课时，更为有效的阅读指导策略是什么？④指导学生阅读还有哪些要注意的地方？这样分解不是为了进行统计，而是为了进行结构性思考，在有结构的思考中进行研究，进行有方向、有深度的对话和交流，最后进行教学改进，获得专业成长。

2009 年，承办第二次观课议课研讨会的河南省郑州市中原区育才小学分享了让观课议课成为行动研究的做法和经验。以下是详细的介绍，供大家学习和参考。

教研、科研、校本培训是学校教学研究和改进的三大支柱，过去，这三者往往被割裂开来，各管一摊，导致老师的负担很重。如果用观课议课的方式把教研、科研、校本培训有机地整合起来，教研就有了理论支撑，科研就有了实践土壤，校本培训也能与实际教学紧密地结合起来。为此，我们尝试了一种以教研组为基本单位的“教研组专题讲学”模式，大致流程如下（如图 6 所示）：

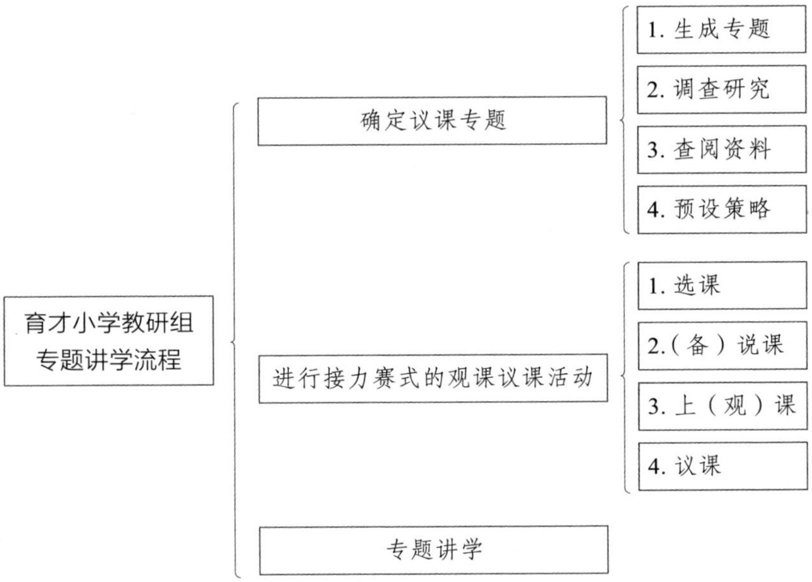

图6　育才小学教研组专题讲学流程

流程一：确定议课专题

确定议课专题包括四步：生成专题—调查研究—查阅资料—预设策略。

第一步，生成专题。观课议课首先是为课堂教学服务，为教师的成长服务。所以确立观课议课专题需注意以下几点。一是专题必须立足于教师对课堂教学的困惑，以解决教师在教学中的实际问题为出发点。二是专题必须是教师亟待解决的、最为困惑的问题。困惑有很多，我们要进行梳理和筛选，选定有代表性的问题作为专题。三是确立专题时，我们需要在学校范围内进行统筹安排，形成优势互补。

第二步，调查研究。确立专题之后，我们要对教师、学生等进行必要的问卷调查，并与其进行座谈，弄明白专题中所涉及的问题在师生身上的表现及产生的原因，做到对症下药。

第三步，查阅资料。我们要通过网络、图书馆、有关专家等渠道，广泛查阅和搜集与专题相关的资料，寻求理论上的指导，寻求专业上的引领。

第四步，预设策略。最后，通过研究讨论，预设出解决专题中所涉及问题的策略，再通过课例实践来验证。

需要说明的是，此时议课的专题，可能不再是一节课的专题、一个人的专题，这个专题可能需要许多人通过理论学习、通过课例实践，研究一个月、一个学期，甚至是一年。这样，这个专题就变成了科研专题和校本培训的专题，而观课议课也就成了有针对性和实效性的教育行动研究。

流程二：进行接力赛式的观课议课活动

接力赛式的观课议课活动主要包括以下几个环节。

第一步，选课。我们要根据专题，选择适合进行议课专题研究的课例，以课例为载体进行研究，从而达到研究议课专题的目的。我们在实践中意识到，选课非常重要，课例的内容、体裁以及教学的目标、重点、难点都要适合此次研究的专题。

第二步，（备）说课。教研组成员要先做好准备（备课要以议课专题为出发点），在此基础上大家再进行集体备课，集中大家的智慧，拟出教学设计。这个教学设计不是个人的，而是凝聚了整个教研组成员的智慧。教学设计要针对专题研究的问题和内容，体现出对预设策略与方法的检验过程。

第三步，上（观）课。授课教师上课，其余教师围绕主题观课，为议课积累原始资料。

第四步，议课。课后，教研组成员结合议课专题对本节课进行议课。议课时，所有成员以课例为媒介，紧扣议课专题进行平等对话，共同寻求解决问题的最佳途径和方法。

流程三：专题讲学

议课结束后，议课主持人将用 5 到 10 分钟进行专题讲学。专题讲学其实是一种经验交流、资源共享。通过专题讲学，议课主持人与全校的教师共享成果，共享研究的快乐和工作的幸福。

经过一段时间的实践，我们发现，观课议课的行动研究转变了教师对工作方式的认识，使其形成了同伴互助、共同发展的意识，摆脱了孤独的处境；转变了教师对教育科研脱离教学实际的错误看法，形成了教科研工作应着力解决实际问题的务实氛围；形成了组内、组际，在理论及专业知识、业务技能、经验交流、资源利用等方面共同分享的机制；转变了教师对培训的狭隘认识，让教师体会到“教学即研究、问题即专题、成长即成果”，从而激发出教师主动参与校本教研的积极性，促进了教师的专业发展。

在观课议课的活动过程中，在对课堂教学潜心深入研究的过程中，我校的课堂教学正在发生明显的变化。在课堂上，教师是学生学习的组织者、引导者、参与者，教师能够蹲下来倾听学生的心声，充满爱心、童心地鼓励学生；学生思维灵动、勇于创新、有效参与，在与教师的交流互动中擦出智慧的火花。课堂上的氛围也是自由轻松的，教师和学生都热情地投入，和谐地交流。教师教得轻松，学生学得愉快。

十、基于教育假设的教师发展与教学改进

实践经验告诉我们，不能触及灵魂（这里指观念和假设）的教学行为改良往往不能持久，旧有的不合理行为常常会卷土重来。教师一般难以接受和把握流于空泛的观念，灌输理论的结果往往是“涛声依旧”。教师更愿意“摸着石头过河”，更愿意从实践效果的角度来审视和调整自己对教育的理解与行为。因此，要有效地促进教师发展，就需要从教学效果入手，既关注教学行为，又帮助教师更新教育观念，促进教师“知行统一”。

（一）观课议课的“知行统一”

在观课议课中，我们主张以外显的、可以被观察到的教学行为为抓手，既把“行”与“效”结合起来，以满足教师“摸着石头过河”的思维习惯；又通过反思和对话，把“行”和“知”结合起来，以触及教师心中的观念和假设。这就好比让“行”这根扁担系上绳子，挂上筐（如图7所示）。我们希望教师从中发现教育假设、教学方案、教的行为、学的行为以及学的效果之间的关系，并在改善相关因素的过程中，整体提高教育质量和自己的教育水平。

朱熹曾经说：“论先后，知为先；论轻重，行为重。”没有“知”的过程和科学的“知”的指引，“行”就可能是盲目的。“知”是什么？我认为，它既有对某事进行“知”（认识和思考）的行动，也有由“知”的行动带来的“知”的结果（得出对某事的认识和理解）。

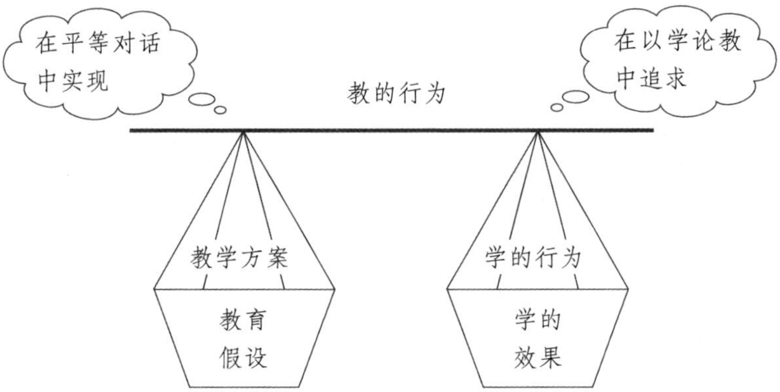

图 7　观课议课的关联图

教师的工作对象是人，人的生命不仅短暂，而且不可逆转，从这个意义上讲，教师的实践不能失败。为了避免“行”的失败，教师更需要在“知”上下功夫，用科学的“知”指导自己的“行”。

教师如何针对“行”去追求“知”？我认为，提出教育假设是获得对教育的认识和理解的基本方式与重要途径。

（二）教育假设的意蕴和价值

1. 假设是面对可能世界的一种思维方式

弗里德里希·恩格斯说过，只要自然科学在思维着，它的发展形式就是假说。有学者认为，“假设情况”乃是我们对这个世界、我们自身及我们与世界的关系的一种看法，是我们假定或认为真实的东西，也是我们凭借独一无二的直觉能理解的事实。人有意识，但人对未来的意识本质上是假设。卡尔·马克思说：“蜜蜂建筑蜂房的本领使人间的许多建筑师感到惭愧。但是，最蹩脚的建筑师从一开始就比最灵巧的蜜蜂高明的地方，是他在用蜂蜡建筑蜂房以前，已经在自己的头脑中把它建成了。劳动过程结束时得到的结果，在这个过程开始时就已经在劳动者的表象中存在着，即已经观念地存在着。”[①] 在头脑中建蜂房就是实践之前的假设。可以说，假设是人的基本生活状态和方式，人生活在对世界的假设中，并且总是基于假设而行动。

面向未来时，在绝对否定和绝对肯定的广阔的中间地带，我们需要假设，我们也只能假设。教育面对的是人生活的世界，人生活的世界具有种种可能性，谁也不能绝对肯定自己对教育的“知”一定正确，谁也不能保证自己的教育预期一定能够实现，谁也不能为计划中的未来的教育打包票……因此，教师需要教育假设的思维方式。

2. 教育假设是创新教育实践的必要准备

教育假设是教师对各教育实践要素的现状、彼此之间的关系及其发展前景的理解和推演。作为教师，我们可以在课堂上简简单单地教，但在教学前不能简简单单地思考。我们要做推演，要做假设。如何做教育假设呢？我们可以从假设的依据和假设的过程两个方面进行讨论。

我们先看假设的依据。教育假设的依据包括以下几点。一是教师个人的实践性知识。什么是教师个人的实践性知识？有的专家认为是“指教师在面临实现有目的的行为中所具有的课堂情景知识以及与之相关的知识，或者更具体地说，这种知识是教师教学经验的积累”[②]；有的专家认为是“教师真正信奉的，并在其教育教学实践中实际使用和（或）表现出来的对教育教学的认识”[③]。我认为，教师个人的实践性知识是教师在实践中积累的经验。二是教师新近获得的信息。比如，集体备课时同伴提供的经验、从专业阅读中获得的新认识、学生对教学的建议等。三

---

① 中共中央马克思恩格斯列宁斯大林著作编译局. 马克思恩格斯全集：第 22 卷 [M]. 北京：人民出版社，1972: 202.

② 林崇德，申继亮，辛涛. 教师素质的构成及其培养途径 [J]. 中小学教师培训（中学版），1998(1): 11.

③ 魏戈，陈向明. 教师实践性知识研究的创生和发展 [J]. 华东师范大学学报（教育科学版），2018(6): 108.

是教师对目前教学境况的认识和理解，包括对目前学生的认识和理解（这实际上是对学生的水平、能力和心向的假设）、对教学内容的认识和理解以及对教学媒体的理解等。

假设需要一定的依据，假设的过程就是运用依据的过程。依据是否正确合理、是否完备充分，直接制约着假设的水平和质量的高低。从某种意义上讲，教师专业发展的一个重要任务便是获得合理而充分的教育假设依据，建立一个有效的教育假设的支撑性背景，为面向实践的教育抉择提供更可靠的基础。

我们再来看假设的过程。假设需要发现可能性，过去的实践经验是人们最容易想到的可能性；但只停留在过去的可能性，固守原有经验，教学就很难有改变和进步。因此，我们既不能抛弃过去的经验，同时又不能被过去的经验束缚。“如果现代主义将‘思想’视为‘是’什么的隐含表现，后现代主义则将其视为一个及物动词：‘可能是’什么。正如布鲁纳所言，我们要用我们的思想去创造一个可能的世界。”[①] 比如，我们要想象“假如做出这样的改变，会有什么样的结果”。运用教育想象有助于我们发现新的教学可能，为教育的可能性创造奠定基础。

假设需要我们小心论证。一方面，教学的时间是有限的，我们花时间做了这件事情意味着没有时间做其他事情，此处的有所为可能导致彼处的无所为，所以我们需要论证有所为带来的可能性损失，仔细权衡得失。比如，要思考“假如这样教，可能带来什么样的损失”“什么更有价值，更值得追求”。另一方面，做事总需要一定的条件，有所为需要有所为的条件，我们需要论证是否具备相应的条件。比如，要思考“假如这样教，需要什么条件，我们是否具备这些条件”。教育是一门选择和平衡的艺术，我们在论证的过程中从多种可能性中选择出最合理、最有利的可能性，并回答“为什么确定这样的目标？”“为什么选择这样的内容？”“为什么采用这样的方法？”等问题。

① 多尔. 后现代课程观 [M]. 王红宇，译. 北京：教育科学出版社，2000: 232.

我们可以用"虚践"的方式验证假设。假设的过程带来假设的成果，这里的成果就是教学方案——这是以观念形式存在的一种"蜂房"。有了方案后，接下来我们应像"过电影"一样在头脑中将这个由假设得来的方案"过一过"。相对于真实的教学实践，"过电影"式的方式是在头脑中的"虚践"。"虚践"是一种在头脑中检验和完善教学方案的活动。它以预设的教学方案为对象，并以对教育实践中可能出现的情境与变化的"假设"为基础。"虚践"可以帮助我们得到看似更加合理的实践方案，使我们未来的教学实践成功的可能性更大。这里只能说"看似"，是因为我们缺乏对未来打包票的能力，即使把握再大，我们也只能说是一种假设，至于方案是否真正合理，还需要通过实践来验证。

上述假设过程，第一个目的是以假设突破原有经验的束缚，奠定创新教学的基础，使未来教学萌生新的希望；第二个目的是增加对未来教学的把握，减少教学失误乃至降低失败的可能性。

3. 教育假设改变教师的行走姿态

"卡尔·波普得出结论：一切定律和理论本质上都是试探性、猜测性或假说性的，即使我们感到再也不能怀疑它们时，仍是如此。"①伊朗学者S. 拉塞克（S. Rassekh）和罗马尼亚学者G. 维迪努（G. Vaideanu）说："教育问题是如此复杂，以至它容不得半点简单化和僵化。"②教育假设的概念，内蕴了一种开放的、发展的、动态的实践性知识观。

基于开放的、动态的、发展的知识观，我们需要意识到，实践性知识是非完备和非终结性的；在实践中，已有的知识需要还原成等待验证和发展的教育假设；在运用实践性知识时，我们要万分谨慎，不能有一丝

① 李丽. 科学与人文融会——论卡尔·波普的猜想理论及其社会价值[J]. 河北北方学院学报（社会科学版），2011(5): 58.

② 拉塞克，维迪努. 从现在到2000年教育内容发展的全球展望[M]. 马胜利，高毅，丛莉，等译. 北京：教育科学出版社，1996: 248-249.

狂妄和任性。实践结束后，我们既需要从行为和效果的关系中获得经验，也要反思教育假设的依据和教育假设的过程，完成实践性知识的更新和完善，使个人的实践性知识不断接近教育的真理，以更有效的实践性知识提升自我教学效能感。

对现有实践性知识秉持开放的态度，在假设过程中对其进行理性审视和批判，将实践方案视为等待验证的假设，利用实践之思获得新教学经验，利用反思之思更新原有实践性知识……这是在开放和发展的知识观的背景下，教师应该有的教育行走姿态，也是教师增长自身实践性知识的基本道路。

（三）基于教育假设的教师发展与教学改进

1. 授课教师基于某种教育假设进行教学实践

这里，我用一位教师对“有效指导学生阅读”的一个假设和一次实践为例进行说明。

对“有效指导学生阅读”，这位教师原有的认识是“要以读代悟，不要做条分缕析的讲解”，他认为好的课堂应该是书声琅琅的（这是教师的教育假设）。因此，在设计教学时，他考虑最多的是怎么让学生大声读课文（这是教师的教学方案）。一天，在教授几段蕴含哲理的文字时，他让学生齐读课文，思考问题（这是教师教的行为）。学生根据教师的要求齐读课文（这是学生学的行为）。学生读完课文以后，教师立刻要求学生回答自己刚才提出的问题，但被叫起来的学生均无法给出答案，有的学生甚至连教师问的问题是什么都忘记了（这是学的效果）。

我们可以结合上述过程，勾画出以下教学实践流程（如图 8 所示）。我们可以发现，教育假设对教学实践具有先导作用，所以促进教师改变需要从改变教育假设入手。

教育假设 → 教学方案 → 教的行为 → 学的行为 → 学的效果

图 8　教师基于假设的教学实践流程

2. 议课教师帮助授课教师更新教育假设

教学结束后，我们开始议课，交流在课堂上观察到的现象：教师提出需要学生思考后回答的问题，但学生找不到答案。为什么会这样呢？这种从学习效果入手的议课，是先摸着学生学习效果的“石头”，来评估和改进教学设计。这符合很多教师优先关注学生的学习效果，在教学中“摸着石头过河”的习惯。

“是不是学生没有读书？”答案是学生已在课堂上读过书了。那问题出在什么地方？我们可以发现，学生采用的读书方式是朗读，朗读后立刻回答问题，没有时间思考。在这里，不合理的学习行为导致学生无法找到答案（学的效果）。

“学生为什么不采取默读的方式呢？”进一步思考后我们会发现，这是因为教师提出的要求是齐读，学生不合理的学习行为是由教师不合理的教的行为导致的。

这时，我们不能直接建议“在这个地方你要让学生默读”，因为单纯的改变行为的建议只是“授人以鱼”，我们要引导教师改变对教育的理解和思考问题的方式，以达到“授人以渔”的效果。我们要采取类似于以学论教的方法（如图 9 所示），触及教师心中的教育观念，设法让教师将深藏于心的教育假设暴露出来：“你为什么不在这里让学生采取‘默读思考’的学习方式呢？你当时是怎样设想的？”

学的效果 → 学的行为 → 教的行为 → 教学方案 → 教育假设

图 9　观课议课的以学论教

这时，教师意识到他对阅读方式的理解过于片面，不知道除了朗读，还有默读。以前，他只知道书声琅琅是一种阅读方式，而不知道沉思默想也是一种阅读方式。

对话的结果可能使教师获得“阅读阅读，不仅仅有发出声音的读，还有不出声的阅；有声为读，无声为阅”“领悟课文既要领悟感情又要领悟道理，领悟道理的有效阅读方式是默读，领悟感情的有效阅读方式是朗读”的新经验。这样的认识将成为教师的个人实践性知识，成为其在下一次教育实践前进行教育假设的背景和依据。

3. 授课教师用新假设引导新实践

有了对“有效指导学生阅读”的新认识后，在下一次阅读教学实践之前，这位教师可能这样想：“语文阅读教学的目的不同，侧重点也不同，领悟课文大致分为悟理和悟情两种情况。如果需要悟理，默读的效果可能比朗读的效果好；而如果需要悟情，朗读不失为一种合理的选择。”这是他关于阅读目标和阅读手段的个人实践性知识。但在实践时，他就不能把它当成确定的知识，而要把它当成一个等待被实践验证的假设；他要在实践中研究它、证实它、发展它。这样，教学实践就有了研究的性质，教学也就成为一种研究性活动，教室也成为行动研究的实验室。

在阅读教材、设计实践方案时，这位教师可能运用新的教育假设：“从教学目标看，这篇文章应更加侧重悟理。”这是他对这一篇特定文章的教学目标假设。他将目标的假设和手段的假设相结合，就可能设计出这样的教学方案：提出需要思考的问题，提示学生采用默读的方式，引导学生在默读中实现悟理的教学目标。将这样的方案带进教室，他可能进行以下教学指导：“请同学们默读第 5 至第 8 自然段，边读边思考这样一个问题…… 在默读时，你可以把自己的想法批注在书页的空白处；3 分钟以后，把你的想法说出来和大家交流。”

教的行为导致了学生学的行为。学生默读、思考、批注、准备交流，这样的学习行为，有可能达到良好的学习效果（当然，这也只是一个假设）（如图 10 所示）。

图 10　新假设引导新的教学实践

从图 8 到图 9，再到图 10，这是从预设到实践，再到反思，再进入新的实践的过程。在这个循环过程中，教育假设引导研究性教育实践，研究性教育实践又丰富和发展着教师个人的实践性知识。这样，教师的专业发展得以实现，课堂教学也得以改进。

十一、观课议课记录量表的设计与使用

为推进观课议课更好地落地，我们设计并多次运用观课议课记录表（如表1所示）推动观课议课，实践效果明显。

表1 观课议课记录表

观课教师		时间	年　月　日（星期　）	
学校		班级		节次
授课教师		学科		课型
1. 有讨论价值的课堂现象和教育故事（摘要）	2. 蕴含的教育启示、教育问题或教育难点	3. 对相关启示、疑难问题的理解和创造	4. 授课教师的认识和见解	5. 议课的建构
教的行为描述 1.1 教学效果理想，描述效果 1.2 教学效果不理想，暂不描述效果	2.1 用问句突出研究探讨 2.2 表达关切与发展 （问题可以随时调整和改变）	3.1 学生的学习行为与学习效果 3.2 对相关现象的认识和理解 3.3 反思自身教学中的不足 3.4“如果我来教……”	4.1“我这样想……” 4.2“我这样看……” 4.3“你看到了什么？” 4.4“你怎么理解？” 4.5“如果你来教……”	5.1 对学生和学习的新认识 5.2 实践策略成果 5.3 认知（经验）改变 5.4 思维方式或立场改变 5.5 教育理论成果
其他思考及需研究的问题				

（一）量表的适用对象与核心理念

1. 适用对象

按目的划分，观课可以分为以下几类：一是调查研究的调研课，二是评比分等的评定课，三是反复锤炼的打磨课，四是研究改善教学的观议课。一把钥匙开一把锁，面对不同的课型，我们需要使用不同的工具和量表。本记录表主要适用于研究教学、促进教师发展的观议课，也适用于打磨课，但不适用于评定课和调研课。

2. 核心理念

（1）尊重教师，成就教师

本记录表不是要用预定的教学标准去框定和评价教师，而是尊重教师的专业自主权，希望通过观课议课帮助和成就教师。授课教师想在课堂上研究什么，我们就观察什么。他们在课堂上做过什么，我们就讨论什么。我们通过观课议课，帮授课教师把想做的事情做好、做成功，帮他们研究和解决好自己的问题。因此，本记录表不设诸如教学目标、教学流程等栏目。

（2）集中焦点，深入研究

一节课不可能解决所有问题，本记录表不求面面俱到，而是希望集中几个焦点，深入思考、深入对话，有所发现、有所改变。

（3）平等对话，相互学习

本记录表要求授课教师对相关问题进行说明，以促进理解和对话，希望所有参与者都能有所成长。同时，本记录表还设置了“议课的建构”，希望观课议课能形成参与者带得走的东西，改善教学实践。

3. 栏目设置

（1）有讨论价值的课堂现象和教育故事（摘要）

观课议课定位于讨论课堂上发生过的现象和故事。观察和讨论基于现象和故事而不是基于标准，可以体现出对教师专业劳动的尊重，也可以使参与者在交流讨论时更心平气和，同时也避免出现“空对空”式的、流于形式的对话。有讨论价值的现象可大可小，可以是一节课整体的教学结构方案、教学思路与逻辑的演示，也可以是学生的一次学习活动、一位学生的学习作品……

（2）蕴含的教育启示、教育问题或教育难点

观课议课讨论的课堂现象和教育故事中要蕴含有讨论价值的教育启示、教育问题或教育难点。观课教师在提出问题之前，要思考我为什么希望大家讨论这些现象，有哪些问题需要解决，我们可以获得哪些启示，有什么难点需要讨论。观课教师要拥有一双能发现有讨论价值的课堂现象和教育故事的慧眼，并向参与者描述出典型的、有价值的课堂现象和教育故事。

（3）对相关启示、疑难问题的理解和创造

人因思而变，面对有研究价值的课堂现象和教育故事时，观课教师要发挥教学洞察力理解教学，同时发挥教学想象力创造教学，做到先行思考，为参与对话做好准备。其中的“理解”可以说是对相关现象和故事的认识，是对相关问题、现象和故事的理性思考，是对实践原则、实践策略的提炼与概括；而“创造”则是思考和提供较为具体的新的实践方案。如果不先行思考，观课教师在对话中就会处于失语状态，就可能失去存在感。

（4）授课教师的认识和见解

“看而不说，道义何在？”观课教师在观课后若不进行分享交流有点

儿不讲道义，但观课教师在表达相关认识、见解之前，一定要先听授课教师讲述依据、意愿和自我反思。因为这是参与者走向平等、走向理解、走向相互学习的前提条件。“毋意，毋必，毋固，毋我。”观课议课记录表强调了听取授课教师见解的必要性，强调参与者彼此的对话讨论。

（5）议课的建构

议课是一种互动，但议课要避免成为无建构的互动。围绕有价值的现象，进行有建构的互动与对话，是提高议课质量的关键。记录表提供这一栏，是强调要把相关建构落实在纸上，使观课议课的建构可视化。相关建构包括：可以落实到实践行动的策略、方法，引起的观念的变革和思维方式的改善，等等。从改善行为的角度来说，我们要努力从中提炼出有价值的教学策略、教学方法，引导参与者将其运用于实践，使观课议课成果转化为新的教学观念和理论方法。

（6）其他思考及需研究的问题

观课议课不是写句号，而是写逗号、省略号。对话可以引发新的思考、新的问题。我们既可以在此栏填写这些思考和问题，也可以在此栏填写下一次观课议课的思考点和要点，为下一次观课议课行动研究做好准备。

（二）量表的使用方法与流程

1. 量表的使用方法

第一至第三列由观课教师在观课后，用 10 至 15 分钟选择、思考和填写。第四列用于记录授课教师的认识和见解。参与者回顾、反思议课过程后再填写第五列，观课议课的主持人承担着提供该栏填写内容的主要责任。

2. 量表的使用流程

第一步，观课教师用白描的方式描述有讨论价值的课堂现象与教育故事。这里要注意的一点是，观课教师如果认为课堂教学的效果理想，可以描述效果（1.1）；如果认为课堂教学的效果不理想，可暂时不描述效果，以避免让授课教师产生误会（1.2）。

第二步，描述完现象和故事后，观课教师可以用“你在进行教学设计时考虑了哪些因素？”“你对课堂上学生的意外回答怎么看？”这一类问句提出想要讨论的问题（2.1）。讨论的问题要与课堂现象和教育故事有关，同时又要有一定的普遍性和讨论价值。提出问题以后，我们可以用诸如“这个问题我处理得不好”“我很想讨论和研究这个问题”等比较委婉的话语表达对该问题的关注和疑惑，以降低授课教师成为被批评对象的可能性（2.2）。在实践中我们发现，随着议课的展开，新的更有价值的问题可能会出现（主持人也要不断澄清和提炼要研究的问题），这时，我们就需要对研究的问题做出调整，并不断深化。总之，观课议课需要围绕问题来展开，若观课教师提炼不出问题，那么前面对课堂现象和教育故事的描述也就失去了意义。

第三步，授课教师诚恳回应（4.1 和 4.2）。授课教师讲述预先的设想（4.1），授课教师表达对观课教师所描述的课堂现象和教育故事的看法（4.2）。授课教师还要询问提问的观课教师（4.3、4.4 和 4.5）。这种询问的意义：表达授课教师的学习愿望；呼唤他人参与，让他人表达意见；促使所有参与者成为建设者。这一环节无论如何不能少，如果授课教师忘记了，主持人要代为询问。

第四步，观课教师有针对性地回答授课教师的询问。观课教师先描述自己看到的学生的学习行为和学习效果，及其与授课教师教的行为的关系（3.1）；再表明自己对学生、学习、教材、教学手段等教育实践理论要素的认识和见解（3.2）；然后再分析自己以前的教学的不足以及在观课中学到的东西（3.3）；最后表达自己的教学选择和设想，贡献方案供参与者讨论和选择。

授课教师和观课教师的互动最好分多轮进行，以加深对现象的理解，加深对彼此的理解，加深对教学的理解。参与者不仅要理解彼此的动机、处境、选择、经验，还要理解教的行为对学生学习的意义，理解各个教学行为之间可能存在的关系，更要理解教学研究的可能性和可行性。

最后，主持人引导大家进行建构：说明对学生有哪些新的认识，对学习有哪些新的理解（5.1）；说明针对相关问题讨论出的应对策略与方法（5.2）；说明需要改变哪些方面的认识（5.3）；总结在思维方式上可以做出哪些方面的调整（5.4）；检视是否可以在研究中发现和形成新的实践理论（5.5）。建构不一定要面面俱到，但每次观课议课都要或多或少总结出一些东西，这样，观课议课才有质量和效益，才能保证对话不是流于形式，才能保证观课议课的价值。

这里需要再次强调：要让观课议课变成研究，结出果实，就一定要注意速度不能太快，要注意抓关键点；而且每次观课议课活动都要讨论有价值、有意义的现象，进行有改变、有建构的对话与交流。

十二、怎样组织观课议课的个人和团队比赛

观课议课的推动和实践者可以采用以下方案，组织个人比赛和团队比赛。

（一）观课议课的个人比赛方案

观课议课的个人比赛可以在教师之间、教研组长之间、教导主任之间、校长之间、教研员之间进行，比赛按个人得分评奖。

1. 比赛的流程和方式

第一步，参赛选手和评委共同观看授课教师上课。第二步，观课结束后，参赛选手可以根据自己的需要各自向授课教师提出一到两个问题，授课教师做出相应的回答。第三步，参赛选手用 30 分钟左右的时间填写观课议课个人比赛记录表（如表 2 所示），其他观摩者也可以填写。第四步，评委用观课议课个人比赛评分表（如表 3 所示）对参赛选手进行评分，选出入围决赛者。第五步，入围决赛者和授课教师现场议课。第六步，评委综合观课议课个人比赛记录表的情况和参赛选手现场议课时的表现，评出最终的优胜者（建议评分表计分占 60%，现场参与的表现计分占 40%）。

表 2　观课议课个人比赛记录表

<table>
<tr><td>参赛选手
________</td><td>授课教师
________</td><td>授课学科
________</td><td colspan="2">授课课题
________</td><td>时间
年　月　日</td></tr>
<tr><td>对授课教师的认识与理解</td><td colspan="5"></td></tr>
<tr><td>描述有讨论价值的课堂现象</td><td>针对现象提出的讨论问题</td><td>对课堂现象中教学关系、因果关系、知行关系的分析</td><td>改善教学的设想和建议</td><td>议课的对话交流设计</td><td>观课议课的期待建构和改变</td></tr>
<tr><td></td><td></td><td></td><td></td><td></td><td></td></tr>
<tr><td></td><td></td><td></td><td></td><td></td><td></td></tr>
</table>

表 3　观课议课个人比赛评分表

评分大项	相关项目要求	符合且有较高水平（8.5—10 分）	符合但水平不高（7.0—8.4 分）	不太符合（7.0 分以下）
了解和发现授课教师	描述授课教师的情况，能说明同一类型教师专业发展的共同需要，体现分层、分类进行教研的意识（10 分）			
	了解、描述授课教师发展需要的特殊性，能说明授课教师做公开课的要求和愿望（5 分）			
陈述课堂现象并提出研究问题	陈述的课堂现象真实，结构完整；表述清晰、简洁并尽可能生动（10 分）			
	描述学生的学习状态、活动、方式和效果，体现以学论教（5 分）			
	以问题形式表达议课主题，主题具有重要性、普遍性、针对性（10 分）			

续表

评分大项	相关项目要求	符合且有较高水平（8.5—10分）	符合但水平不高（7.0—8.4分）	不太符合（7.0分以下）
对课堂现象的理解和变革方案	对所讨论的课堂现象的教学关系、因果关系、知行关系有比较充分的认识和理解（20分）			
	对相关问题提出了条件可行、效果可期的改善意见或创见（15分）			
议课对话的设计	有基于讨论问题的主题、增进理解的细分问题，各细分问题形成讨论关联并有价值（5分）			
	设计对话步骤和路径，对话路径能实现增进理解、促进对话、形成建构的目的（10分）			
	能说明讨论相关主题的自我发展期盼和其他想要了解的问题（10分）			

2. 比赛评分标准说明

（1）关于“了解和发现授课教师”

观课议课强调以人为本。参赛选手应该对不同经历和水平的授课教师（比如新手教师、有经验的教师、优秀教师）的教研需求有自己的预判，在观课和课后的询问中，把握授课教师的特殊性。然后，根据对授课教师的认识和了解，设计和准备讨论问题，提高观课议课的针对性和实效性。为增进参赛选手对授课教师的了解，组织者也可以先行提供授课教师的基本资料（如教龄、取得的成就、职称等）。

（2）关于“陈述课堂现象并提出研究问题”

没有脱离具体教育背景和情境的教育真理，因此我们所有的讨论都要建立在事实和现象的基础上（这使观课议课体现出实证研究的某些特征）。这一方面可以使参与者容易理解所需研究的课堂现象及其背后的问题；另一方面可以增强议课的实效性，实现观课议课基于事实，致力于改进教学实践的追求。

参赛选手描述课堂现象时，先要聚焦学生的学习，这是以学论教、有效教学的核心和基础。参赛选手要清楚完整地描述教学片段或者教学要素（比如，一个过程较为完整的活动片段，一个教学目标的实现，对某一教学内容的选择与处理，一种教学方法的使用，一种教学工具和手段的运用，一节课的逻辑和线索，一位或几位学生的课堂学习情况，等等），以保证其他议课的参与者能明白课堂现象的背景、人物活动和结果。同时，根据议课主题的需要，参赛选手需要合理组织语言，抓住重点，突出与议课主题相关的教学细节，使描述尽可能形象生动。

提炼议课主题既要以教学细节为基础，又要防止只抓细枝末节。好的议课主题能够以小见大，引起参与者的深思和讨论，具有相对普遍的教学意义。我们说课堂现象中蕴含着问题，不是指这一节课失败了，而是说这样的课堂现象有讨论价值；其讨论价值可以是提供借鉴启示，可以是让大家重视需要改变的现状和困境，等等。

（3）关于“对课堂现象的理解和变革方案”

参赛选手需要对课堂现象有自己的研究和思考，研究的内容应该包括课堂上教和学的互动情况及两者之间的关系（比如，“学生为什么会有这样的学习表现，与教师的教有什么样的关系”“教师应该怎样教，才能更好地改变和促进学生的学”），课堂现象及其背后的原因（比如，“这样的现象说明了什么”“学生的表现说明了什么”），教师行为背后的依据和理论（比如，“授课教师采取这样的行动可能出于什么样的考虑和追求”“授课教师在设计教学时，可能想到了什么问题”），等等。

观课议课不是为了评价，不是为了提出权威的教学改进意见，而是为了让参与的教师发挥教学想象力，发现新的教学可能。参赛选手要尽可能从自己实践的角度提出教学的新设想，提供的方案要尽可能具备先进性、可行性和实效性。

（4）关于“议课对话的设计”

议课是一种追求教师专业发展和教学变革的人际互动。要让互动有实效，参赛选手就需要进行互动设计。参赛选手首先要将课堂现象反映出的问题分解成相互关联的几个小问题（比如，讨论“教师为什么会做出这种教学行为”“这种教学行为对学生的影响是什么”“是否有其他更好的教学选择”“做出其他选择的依据是什么”“践行新的选择时要注意什么”等）。

参赛选手还要设计出讨论的步骤，也就是要明确先和授课教师讨论什么，后和授课教师讨论什么。如何评价步骤的设计是否合理？一是要看逻辑结构是否合理（比如，“现象—问题—原因—改变的方法”的逻辑结构比较合理），二是要看能否体现出对授课教师的充分尊重，会不会让授课教师反感和排斥。

有效的观课议课应该尽可能让每一位参与者有所收获，使议课的过程成为“有建构的对话”。这里的收获一方面是指参赛者自己在观课议课中有所收获和成长，另一方面是指议课也能对其他参与者有所帮助（可以给其他参与者在认知、能力、策略、思维方式等方面带来启发和帮助）。而参赛者相关的建构、设想也可以体现其认识课堂、理解课堂、建设理想课堂的水平和能力。

（二）观课议课的团队比赛方案

观课议课的团队比赛可以在学校内的教研组与教研组之间、学科年级组之间、名师工作室之间，或学校与学校之间、区域与区域之间进行。比赛团队成员包括一位观课议课活动的主持人、一位授课教师、三到四位参与比赛的选手，按团队得分评奖。

1. 比赛流程

第一步，参赛前，各个团队可以从从现场到问题的案例研究和从问题到现场的行动研究两种范式中选择一种。

选择从现场到问题的案例研究，参赛团队成员不用预先准备，走进教室之前没有明确的问题和指向，观察活动也没有预先的规划和计划。在课堂上，参赛选手要注意发现一些特别有讨论价值的课堂现象，找出有讨论意义的教学故事，议课的任务就是抛出这些案例，然后对案例蕴含的启示、疑难问题进行交流、讨论和研究，从而提炼出教学经验，解决实践中的问题。

选择从问题到现场的行动研究，参赛团队成员需要预先准备和说明本次观课议课主要针对什么问题，做了哪些准备，将从哪些方面进行讨论，等等。进教室以后，参赛选手应该针对预先确定的问题进行观察，并在议课时对其展开交流和讨论。

第二步，参赛团队的授课教师授课，参赛团队的其他成员及评委观课。

第三步，参赛团队成员议课，评委观察。

第四步，评委用观课议课团队比赛评分表（如表 4 所示）评分。

2. 团队比赛的相关说明

第一，观课议课比赛不是为了展示，而是为了发展，所以，它的重心是促进教师的专业发展和课堂教学的改进。

第二，观课议课比赛评价的重点：比赛团队的取向（比如，授课教师是否努力以发展性取向上课，而不是以展示性取向上课）；参赛选手的态度是否开放、包容（比如，对于课堂上的现象和问题，参赛选手讨论新的教学可能性时能否做到"毋意，毋必，毋固，毋我"）；参赛选手是否积极、充分地参与，能否做到平等对话；参与者是否对课堂有了新的理解（包括理解授课教师，理解教与学的关系，发现和理解新的教学可能性）；议课是否形成了有意义、有价值的建构，是否能够带来改变，形成

表 4　观课议课团队比赛评分表

基本项目	相关标准和要求	分值		
		全部做到，并大多符合要求（8.5—10 分）	基本做到并有部分符合要求（6.0—8.4 分）	大多没做到，基本不符合要求（5.9 分以下）
授课教师的取向	授课教师以发展性取向授课，所授之课以未试讲和未演练的原生态面貌呈现。			
	授课教师有明确的教研意识，能说明授课所要实现的教学变革（或要讨论、解决的教学疑难问题）。			
议课的氛围和团队成员状态	团队成员表现出彼此尊重、相互促进、共同成长的愿望和状态。			
	团队成员的交流具有明显的研究特征，不满足于下结论，而是对课堂上的现象和问题进行积极而深入的研究，采取建设和改进的取向。			
议课的内容	以学论教，针对学生的学习状态、学习方法、学习效果以及教师教的行为等进行讨论。			
	致力于认识和发现教学关系和新的教学可能性，促进参与者获得经验、反思经验。			
议课的效果	从现场到问题的案例研究或完成了教学重建，或带来了教育启示，或认识了教学疑难问题。从问题到现场的行动研究，验证或否定了改进后的教学方案，并提出或形成了解决问题的新思路。			
	致力于教学创新，认识和理解了教学的多种可能性，并对教学创新的多种可能性的得失有所认识。			
主持人的调控和效果	善于调控议课的氛围，能引导队友围绕有价值的课堂现象或预先确定的研究问题进行讨论，并促进队友广泛参与和深入研究。			
	实时进行总结，有效引导队友从活动中获得教学经验，并能引导队友发现需要进一步研究的问题。			
特色描述和奖励评分（就议课团队的创意和特色进行描述，并给予最多不超过 10 分的奖励评分）：				
总分：　　评委：				

新的教学方法。

第三，团队比赛要对主持人的表现单独评分，因为主持人至关重要。议课时主持人要善于引导队友交流，营造平等对话的交流氛围；要善于从现象中发现值得讨论的问题；在队友讨论时要注意聚焦有价值的现象；要注意引起对话但又要防止队友产生过激的争论；要注意提炼和归纳队友的意见与建议，完成教研经验的转化。

—中篇—

观课议课与教师专业成长的问与答

以人为本　　同在共行　　因思而变

问答一：
怎样理解和体现观课议课的研究性？

【问】观课议课不是听课评课。从字面上看，从“评”到“议”的转变让观课议课的研究意味更浓了。请问观课议课如何体现研究性？观课议课主要有哪些研究方法？

【答】从“评”到“议”的意义并不只是研究意味更浓了，还包括从简单地对课进行“评定”转变为借助这一节课讨论教学改进的新的可能性，以及将评课中存在的评和被评的不平等关系转变为议课时参与者的平等对话关系，等等。不过，观课议课确有关注研究、指向研究的追求。观课议课对研究有以下思考和实践。

（一）观课议课采取聚焦的方式进行研究

观课议课不太主张采用一个大而全的框架和指标体系进行观察和研究，因为教师工作繁忙，若要教师在有限的时间里面面俱到，什么都研究，很有可能导致教师对每个问题都无法深入研究。观课议课主张在 40 分钟的教研活动时间内，聚焦一两个值得研究的、有价值的课堂教学问题，充分展开对话，以研究的态度和方式实现对教育现象和问题的深刻理解。

观课议课不主张只聚焦某一个要素，而是主张将各个要素综合起来，进行“切片研究”。比如，观课议课不会仅仅聚焦课堂提问这一教学技能和手段，而是会聚焦课堂教学的现象和故事，以及现象和故事所处的背景、情境。荷兰哲学家巴鲁赫·斯宾诺莎在《笛卡尔哲学原理》中说过："事物就其自身而言无所谓善恶，善恶只能存在于同另一事物的关系上，即此事物帮助另一事物获得它所爱的东西，或者相反。"教学技能和方法一旦脱离其所处的情境与关系，我们便很难评判其好坏。课堂教学是一种社会活动，存在于社会关系之中，教师在关系中进行决策，学生在关系中学习，师生在关系中互动。观课议课主张进行"切片研究"，即基于师生互动的情境、互动的关系选取有意义的教育故事、教学情境，在故事和情境中研究师生互相影响的关系，获得对师生互相影响关系的认识，改善师生之间的影响关系，让教育的情境更温暖，教育的影响更有效。

典型情境中的有效行为具有一定的迁移性。观课议课在课堂教学研究方面的定位和取向是，研究处于典型背景和情境中的师生关系和状态、教学内容与目标、师生行为与效果，以获得在同类的、相似的情境和背景中可靠而有效的教学选择与应对方案。

（二）观课议课强调问题的重要性

问题是研究的核心，因为研究要针对问题，要认识和理解问题，要提出解决问题的有效方案。我们说观课议课所研究的课堂现象和故事有意义，是因为其中蕴含了有价值的研究问题。议课时，我们在描述自己在课堂上观察到的现象之前，要思考和询问几个问题：为什么要选择描述这些现象和事件？其中蕴含的研究问题是什么？这些问题有没有价值？在哪些方面有价值？观课议课的价值不是提供解决问题的成熟方案，而是提出有价值的、能引发大家研究兴趣和热情的问题，包括关于学生的问题、关于学习的问题、关于教材研究和教学内容的问题、关于教学手段和方法的问题……

（三）观课议课研究具有实证性和思辨性

观课议课的实证性首先体现在观课议课强调参与教师深入课堂，收集课堂上的真实资料，了解课堂上真实的现象、事件。观课议课尤其要求观课教师尽量坐在学生身边，观察和研究学生，收集学生在学习活动中的状态、困难、方法与改变等情况的证据，形成研究的事实基础。观课议课不太主张观课教师一味按指标体系去收集和统计资料。美国教育心理学家李·舒尔曼（Lee Shulman）说："我认为我们必须时刻牢记，最重要的评价原则是小心任何你能精确测量的东西，因为你能精确测量的东西往往不是最重要的。……所以，对极其重要的事情的评价永远需要人的判断。数字不会评价，你所看到的数字只是分数。你必须依据这些数字做出判断，判断教学质量。没有你，数字本身是不能做出判断的。"① 授课教师也不要一味被标准约束，可以根据实际情况灵活选择。我们可以参考数据（特别是通过人工智能收集和处理的大数据具有参考和借鉴的意义），但不能用一个数据模型来评判课堂教学，课堂教学不能被标准化生产，也不能被模型化推广。此外，观课议课的实证性还体现在参与教师将在观课议课研究中所获得的实践策略运用于实践，在实践中对其有效性进行验证，以及参与教师对相关问题进行持续的、深入的研究。这样的研究就是观课议课的行动研究。

观课议课的思辨性首先体现在参与教师对师生行为的依据与原因、效果与影响等方面的关系的发现和审视上。教师教育学者杜韦·贝加德（Douwe Beijaard）认为："研究教师行为很重要，但也有其局限性。要真正了解一个人的行为，似乎就有必要探究行为人的思想，从而了解是什

① 周文叶. 教师评价：评什么和怎么评——访斯坦福大学李·舒尔曼教授 [J]. 全球教育展望，2020(12): 9.

么在指导这个行为，人们的想法会影响他们的行为。”[①] 研究是发现真实的关系，是对教与学的真实关系的思辨。观课议课的思辨性还体现在参与教师发挥教育想象力上。王国维在《人间词话》中说诗人“对宇宙人生，须入乎其内，又须出乎其外”。借用到观课议课中，“入乎其内”是指观课教师对授课教师的理解与体悟，是指观课教师发挥教学洞察力“读懂”授课教师的教学。“出乎其外”是指参与教师发挥教学想象力，不被现有的教学所束缚，跳出现有教学进行超越和创造。参与教师要想一想“除了这样教，还可以怎么教”“选择一种新的教法，需要哪些条件”，之后对这些想法进行“是否符合教育伦理”“是否符合教育科学”“是否具有实践可能性”等方面的思辨。参与教师通过想象和思辨，找出教育的其他可能性及其实现条件，拓宽了未来教学的选择空间，奠定了教学创新的基础。

（四）观课议课的研究方法是多种多样的

第一，基础的方法是调查，也就是观察。首先，观课中的观察一方面是指观课教师运用多种感觉器官以及必要的观察记录工具，有效地收集和整理课堂信息；另一方面是指观课教师运用心灵和理性的力量对课堂教学进行体验、感悟和分析，以获得对课堂教学的认识和理解。孔子说：“视其所以，观其所由，察其所安。”也就是说，要认识一个人，既要看他的作为，了解他的思路，也要考察他的动机、价值追求，这样才能够更真切地认识、理解和把握观察对象。其次，观课中的观察还包括对课堂以外的活动现场的观察，以及对参与的学生、授课教师的访谈。通过观察我们不仅可以发现课堂上的现象、问题，分析原因，而且可以观察到授课教师成功的经验并在实践中加以推广运用。

---

① 祝刚，李玉娟，韩敬柳，等.教师专业发展：专业身份建构与专业知识学习——杜韦·贝加德教授专访 [J]. 教师发展研究，2021(2): 59.

第二，案例研究。案例研究的对象既可以是切片式的课堂现象与事件，也可以是完整的一节课（课例）。参与教师可以对有意义的现象进行讨论，开展有建构的对话，获得新的教学认知和教学方案。

第三，行动研究。行动研究从教育实践的问题出发，在课堂上开展研究，其主要环节包括：首先，提出经过研究和论证的变革方案；其次，在课堂教学中采用变革方案；再次，观察和研究变革方案解决相关问题的有效性与可靠性；最后，反思此次课堂教学实践并提供经过实践检验的解决问题的可靠方案。

（五）观课议课的研究成果主要表现为教师发展和获得新的教学策略

观课议课主要以课堂为平台促进教师发展。教师发展包括教师的教学理念的重建、教师思维和生活方式的调整、对教材研究与教学设计的改进。教师发展的外在表现为教师的生活状态和课堂教学行为的改变，以及由此带来的课堂教学的改进和教学质量的提高。

虽然观课议课致力于取得教学理论、教学策略、教学方法三个方面的成果，但是结合一线教师的教学实际，观课议课更注重取得教学策略方面的研究成果。教学策略是连接理论和方法的桥梁。我们认为，教学策略既不抽象也不呆板，它是教师在教学实践中最需要掌握和灵活运用的东西。因此，好的观课议课，可以为参与教师提供有价值的、可操作的教学实践策略。如果教师对某些教学现象和问题有过教学策略方面的思考与收获，就会有面对这类现象和处理这类问题的底气，就可以在分析这类现象和解决这类问题时做到游刃有余。

问答二：

观课议课如何帮助教师“洗心”与“革面”？

【问】陈老师，请问观课议课的“洗心”“革面”是怎么回事？如何“洗心”“革面”？

【答】观课议课关注教师的全人发展。通过对教师的观察和研究，我发现在教师的教育实践链条（如图 11 所示）上，教师的教学热情和对学生的爱是教学动因，教师的教育观念影响教师的教学认知，教师的教学认知影响教学行为，教学行为带来即时的教学效果和长久的教育影响。

图 11　教师的教育实践链条

我们可以将改变教师的行为看成“革面”，将影响和改变教师的教育观念、思维方式看成“洗心”。观课议课关注教师的全人发展，希望既能“革面”又能“洗心”。我们平常说“相由心生”，“心”的状态决定了“相”的面貌。所以，观课议课只有真正“洗了心”，才能将“革面”真正地、彻底地落到实处。

如果把观课后的交流讨论看成一种反馈，那么仅仅关注改变行为（我们应该这样教）的“革面”具有行为主义的取向，关注改变观念和思维（我们应该怎么思考）的“洗心”则具有认知主义的取向。行为主义取向关注的是教师教学技能的提升。认知主义取向主要关注教师的观念和思维的升级，关注教师在教学时应该如何选择和运用教学技能，即关注教师的实践智慧的发展。此外，观课议课还注重一种“建构主义”，这种建构主义关注教学创新，关注教师在彼此平等的基础上进行对话和建构，以形成对教学的新的认识和理解。我认为现在大多数课堂观察研究属于行为主义取向的反馈模式。观课议课则强调基于认知主义和建构主义的理念进行反馈。如果说行为主义的反馈只是提供“鱼”的话，认知主义和建构主义理念下的观课议课期望给教师带来“渔”。

要促进观课议课“洗心”，我们就要在议课时从讨论“面”走向讨论“心”。也就是说，我们不能只讨论行为（“你这个地方教得很好……”“你这个地方教得不好……”），而是要针对教学认知（“你对这种现象怎么看”“你觉得问题可能出在什么地方”），针对教学思维（“你当时是怎么想的”“现在我们应该怎么想”），针对教学价值、教学伦理以及教学实践的科学依据等进行提问和讨论（“为什么要这样想”“为什么要这样做”）。我们要把审视和关注的目光转向教师内在的教育观念、思维方式和决策过程，在审视中“洗心”，通过“洗心”实现外在的“革面”。

问答三：“假如我来教……”的价值是什么？

【问】一直以来，陈老师都主张在观课后要多说“假如我来教……”。请问这句话的价值是什么？

【答】话语方式的背后是文化，而文化本身具有规训的力量。如果说在议课开始时使用“假如我来教……”的话语方式是一种“革面”的话，那么理解、认同和践履话语方式背后的文化观念则是“洗心”。“假如我来教……”对参与者提出了一些要求。

（一）对观课教师的观课要求

第一，“假如我来教……”体现了教师自我发展的自觉性。幸福是一种能力，一线教师观课的第一要务是获得自我发展，即从课堂观察中学会教学。“假如我来教……”提倡观课教师在观课时进行自我设计、自我准备，力争在观察完一节课后能马上执教同样内容的课，并且教学水平有一定的提高。

第二，“假如我来教……”意味着“我”有新的设想，“我”有新的选择和变革方案。如果授课教师对鸡蛋采用了煮的加工处理方式，“我”则要发挥教育想象力，想一想能不能采用煎、蒸等加工处理方式，探索新的教学实践的可能性。

第三，“假如我来教……”要表达的是“我”具体的实践措施，这要求观课教师要有实践的立场，要从实践的可能性出发思考与表达自己的意见和建议。如果实践条件不允许，就要根据实际情况做出调整。当然，“假如我来教……”不否定理论的价值。在“革面”的背后，也有“为什么我想这样教”“我是怎样思考与选择”的“洗心”的功劳。只是在这里所使用的理论，应该是面向实践、能够指导实践的，而不是云里雾里、不知所云的。

（二）对观课教师的议课要求

“假如我来教……”是议课教师对授课教师的尊重。“假如我来教……”不仅体现出观课议课对人的尊重，而且还体现出观课议课对作为专业人员的教师的专业权利的尊重。观课议课主张，观课教师不要对授课教师的课指手画脚，因为观课教师可能不了解授课教师的情况、不懂授课教师的选择，有可能比授课教师还外行。陈向明教授讲过这样一个故事：

佐藤学教授认为课例研究是改造学校文化的一种方式，是建立学校学习共同体的一个媒介。他强调要创造以“学”为中心的教学和课程，进而将学校发展成为一个学习共同体。我在日本做访问学者的时候跟着他和他的助手秋田美代子一起去学校听课。有一次课堂设在进学校的大厅里，周围全站满了人，我问旁边观课的教师：“这是英文课，你听得懂吗？”他说：“听不懂。”我说：“听不懂来干吗呢？”他说：“观察学生啊，我不一定要听懂。”听完课汇报的时候，佐藤学教授说：“大家不准评价老师，也不准提建议，你看到有什么可以改进的，明天你回去后可以在自己的课堂上尝试。”我们后来访谈上课的老师，老师说：“很好啊，以前我们被评完课后总是哭着走出教室，几百人盯着我们、批评我们，现在我们是笑着走出课堂，因为有几百双眼睛帮我们观察孩子们是如何学习的。”[①]

“假如你来教……”不仅要求观课教师理解授课教师的教学，尊重彼此的处境和条件，而且要求观课教师在观察和了解授课教师的教学实践和理念以后，必须提供一种针对问题的解决方案，以促进教学发展。

“假如我来教……”也是观课教师为授课教师做出的贡献。授课教师辛辛苦苦上一节课，观课教师观察学习后若一句话都不说，于情于理都不太合适。说什么呢？观课教师既可以给授课教师当发现学生学习的眼睛，说说自己观察到的学生在课堂上的学习状态和学生通过学习所发生的变化，也可以在授课教师询问“如果你来教你会怎么做”时分享自己的想法。这是一种回馈和回报，可以体现观课议课所提倡的“投我以木瓜，报之以琼琚。匪报也，永以为好也”的理念。

“假如我来教……”还是观课教师发展自己的契机。观课教师提供方案后不要显示和说明自己方案的高明（高明不高明，别人自有判断，且会通过是否借鉴和使用你的方案来“回答”你的方案是否高明）之处，而是要尽量引导大家讨论自己的方案、补充自己的方案、完善自己的方案，从而真正实现自己的专业进步和发展。

（三）对授课教师的议课要求和对所有参与者的共同要求

1. 对授课教师的议课要求

授课教师要多问“假如你来教……”。想一想，如果观课教师都按照佐藤学教授的话去做，不提任何建议，授课教师是不是太吃亏了？所以，授课教师在议课时，一定要多问“假如你来教……”。

授课教师通过“假如你来教……”为观课教师的“假如我来教……”

① 王枬. 教育叙事探究：教师专业发展的一个支点——对话陈向明教授 [J]. 教师发展研究，2021(4): 5.

的出场搭建台阶。有了这样的询问，观课教师的意见和方法就可以“出场”了。观课教师提出问题之前，一定预先对这个问题有了一些思考。你若不问，他便不好说，憋在心里也难受。你问一问，给他一个台阶，让他有机会表现，这是一种成全别人的美德。

2. 对所有参与者的共同要求

“假如你来教……”规定了所有参与者“同在共行”的参与方式：不能把课堂上的现象和问题看成授课教师的缺点与不足，而是要当成参与者需要共同面对的困惑和问题；议课教师不能置身事外，必须从实践角度、操作角度思考问题，不仅要提出问题，更要思考如何解决问题。

“假如你来教……”同时赋予所有参与者一项平等质询的权利。在这样的话语结构面前，没有人有免于被质询和被讨论的特权。

问答四：

怎样避免观课议课成为“萝卜炖萝卜”？

【问】陈老师，您说观课议课简便易行，可是我们在实践中总是做得不理想。我们感觉大家的水平都差不多，说的还是过去那些话，就像“萝卜炖萝卜”——缺营养，我们的进步也不大。该怎么办呢？

【答】简便易行是观课议课的一个追求。经验告诉我们：一线教师会对太难的工具和方法敬而远之，因为太费时间的东西他们难以坚持。观课议课立足于一线教师的实际，致力于研究不需要太多的训练、不耗费时间的课堂观察与研究方法，以教师喜闻乐见的方式，引导教师改进教研方式和生活方式。这是就简便而言。但入门容易，做好就不容易了。举个例子，我们刚开始学习用毛笔写字、画画可能比较简单，但用毛笔写出精彩的书法和画出美丽的图画并不容易，这需要过程和积淀。观课议课与此类似。要更好地理解教学、更有效地实施教学，教师需要具备一定的教育理论素养和教育实践经验，这也需要一个过程，需要积淀，而且没有终止的一天。我想大家需要有这样的思想准备。

说到“萝卜炖萝卜”，我常用寓言《坐井观天》来对其进行阐释。要让青蛙跳出井口看到不一样的天空，需要具备两个条件：一是要有提醒青蛙天比井口大的小鸟；二是青蛙不能因为环境封闭和固执己见而不愿意跳出自己原来所在的井。同理，在观课议课时，我们一定不能就现象论现象，不要只盯着课堂上似是而非的现象，要学会找出现象蕴含的问题，追问原因，提出变革意见，讨论变革的依据和价值，从而进行更深层次的研究。我们更不能闭门造车。教师实现专业发展的方式有很多，包括实践反思、同伴互助和专业引领等。其中，专业引领不一定要专家到场，读专家的书也能起到良好的效果。议课的时候，我们可以唤醒过去的经验（“在过去的教学中，大家是否遇到过这样的问题？当时是怎么处理的？”），引入专家的视角与意见（“某某某，你最爱读书。请你回忆一下，你在书中读到过与此相关的意见和处理方法没有？”），借鉴和参考名优教师的做法（“某某某，你和很多名优教师有过接触，参加了很多观课活动，你看到他们都采取过哪些办法？”）。只要我们都想跳出“自己的井”，并进行开放的、深入的对话，我们就有可能找到通往迷人的、理想的教学王国的道路。

问答五：
怎样观察和学习名师的课堂教学？

【问】我们都喜欢观察名优教师的课堂教学，希望从名优教师身上学到更多好东西。可是，很多名优教师的课看着很好，但我们就是学不会、做不到。我想知道如何观察名优教师的课，如何向名优教师学习。

【答】孔子说："三人行，必有我师焉。""见贤思齐焉，见不贤而内自省也。"在我看来，所有教师的课堂都有学习的意义和价值，都值得我们认真观察和学习。相比较而言，名师之所以被称为名师，大多是因为他们对教学有更多的研究和实践，他们的教学蕴含着较为丰富的教育意义。而且处在不同阶段的教师（比如，新手教师、成熟型教师、即将退休的老教师）关注课堂的重点可能会不一样，选择学什么也会有差异。所以，我在这里不谈学什么，而主要谈如何学。

（一）要知道课堂上可学的东西是什么

在"基于教育假设的教师发展与教学改进"一章中，我们已经讨论过，假设是人的基本生存状态和生活方式，人生活在对世界的假设中，总是基于假设而行动。人的观念影响行动，对未来的预判影响当下的决策。在进行教学设计之前，教师有着自己的教育假设，包括什么样的教学内容对学生更有意义，什么样的教学是好的教学，本课最值得教的东西是什么，学生最适合学习的内容是什么，本班学生的学习基础怎么样，等等。

教师基于教育假设开始设计教学。比如，中低段语文教师面对说明文时，可以这样设计阅读教学：第一遍让学生朗读，读正确；第二遍让学生读流利；第三遍让学生默读，理解文章中的说明对象和说明方法；第四遍让学生自由读，想一想还有哪些需要讨论的问题。

有了教学方案后，教师在课堂上实施组织、引导、讲解和评价等教学行为。需要说明的是，虽然教师需要有充分的课前准备，但在课堂上不能只是照搬教案，而是需要根据课堂的实际情况灵活调整和改变，也就是好的教学需要教师精心预设和动态生成并行不悖。

在教师清晰的教学指令（学习对象明确，学习任务明确，学习方法合适，检查方式正确）下，学生通过默读、思考、勾画、交流等学习行为，达成理解课文的说明对象和说明方法的教学目标，取得教师期盼（假设）的学习效果。

通过对以上过程的分析，我们可以意识到，一节课不仅能体现出教师教的行为，还能体现出教学设计背后的教学观念，教师进行教学设计的思路和选择，教师对教材的认识和处理、对学生学习的研究和预设，等等。我们要学就学这节课背后的名师的理性思维，而不是只学教学行为。

（二）坚持以学论教的视角

坚持以学论教，就是要以学生的参与状态、学习过程、学习行为、课堂生活质量、收获与进步等反观教师教学行为的合理性以及价值大小，选择真正能促进和实现学生发展，能够给学生带来愉悦和美好的学习体验的教学行为。

我在“怎样有质量地议课”一章中讲过一个事例。一位小学数学老师在黑板上写了一道题，然后说：“下面，我要找一位这节课上还没有举过手、没有发过言的同学来做这道题。”接着他叫了两位学生，没想到两位学生都说自己已经发过言了，他显得十分尴尬。

课后，我询问这位授课教师："你是怎么想到用这种方法的？"授课教师说："我最近观察了几位名师的课，有一些名师就是这样做的。"这几位名师为什么会这样处理？大概是想表明他们的教学是关注全体学生的，他们关心每一位学生。但说不定学生会想："若是承认自己没有发过言，大家会觉得我比较笨。""若是承认自己没有发过言，大家会认为我学习不主动，班主任也会批评我。"通过观察，我们会意识到，有的名师的一些教学方法并不可行。教学以学生发展为目标，从这个意义上讲，观察名师的教学也好，观察其他教师的教学也好，都要坚持以学论教的视角。

（三）积极关注行为背后的观念与假设

学习名师的课堂教学，怎样避免东施效颦？我认为，我们要做到：不仅要观察名师的教学行为，而且要体会名师的教学行为背后的观念、假设和思维；要学习行为背后的理论、决策，学习可学可用的教学策略。

我们来看一段课堂教学实录。

一位小学老师走进教室，准备讲解有关"热胀冷缩"的知识。

老师举起一瓶橘子水，大声问："同学们，你们看，这是什么？"

（这里可学的东西是：上课之初，要先引起学生的注意，让学生收心。这是开始上课时最基本的活动。）

生：橘子水。

师：看到这瓶橘子水，你们想要研究什么呀？

（这里可学的东西是：引起学生的注意后，要激发学生的好奇心，引出教学内容。这是引起学生探究的兴趣。）

生（纷纷发言）：我想研究为什么橘子水是甜的。我想研究为什么用玻璃瓶装橘子水。我想研究橘子水为什么是黄色的。……

见学生一直没有说到点子上，于是老师左手拿着瓶子，张开右手的大拇指和食指，在橘子水瓶没有装满的位置比画了一下。

生：老师，我想研究橘子水为什么在玻璃瓶中没有装满。

（这里可学的东西是内容指引：学生提出的很多问题不适合在这节课里研究，教师需要对教学的内容和进程进行适度的把控。教师只将两根手指比画了一下就完成了“内容指引”。）

师：好啊，我们这节课就来研究橘子水为什么没有装满。现在，请大家想一想，除了橘子水，我们还曾看见过哪些东西在容器里是没有装满的？

生：酒没有装满。还有醋。还有煤油。

师：这些物品有什么共同特征？

生：它们都是液体。

师：好的，我们就来研究生产厂家为什么不把它们装满。

（这里可学的东西是建立联系的教学策略。它使学生意识到，橘子水、醋、煤油都是例子，而这些例子的共同特征是：它们都是液体。这为接下来教师教授学生“液体具有热胀冷缩性质”的知识埋下了伏笔。这种教学策略体现了教学的延展性，为学生理解和运用教学内容打下基础。）

显然，我们不能每次都拿一瓶橘子水去上课，也不能每节课都说这样的话语。但我们可以学习的、真正有用的是“引起注意”“激发好奇心”“内容指引”“建立联系”的教学路径和教学策略。“外行看热闹，内行看门道”，我们理解了名师的教学行为背后的依据、假设和策略，并且能够灵活运用，才算看出了门道，学到了该学的东西。

（四）努力争取和名师对话

我们和授课教师终究是有差异的，而且受种种条件的限制，我们的观察也是不充分、不深入的。要更全面地了解名师，更好地向名师学习，我们还需要听取名师的教学分享，争取和名师对话。

有的教师观察完名师的课后就扬长而去，对名师课后的教学分享缺乏兴趣，这是一种不太好的现象，是一种典型的“捡了芝麻丢了西瓜”的学习方法。德国心理学家库尔特·勒温（Kurt Lewin）曾说过，没有什么比一个好理论更富有实践性了。学习名师的课是得“鱼”，了解名师教学行为背后的理论和依据是得“渔”。

我特别提倡的学习方式是积极主动地争取和名师对话。和名师对话的时候，针对效果理想的教学行为，我们可以询问名师“你有过什么样的思考”“你做过哪些准备”，从中了解效果理想的原因，找到达成良好教学效果的条件，为自己追求更好的教学效果奠定基础、创造可能性；针对自己不明白或存在疑惑的问题，我们可以先说“我注意到课堂上有这样的现象……”，然后再用“请问，你是怎么想的……”等问题去向名师讨教，以挖出现象背后的原因，拓展自己的知识和技能。

问答六：

如何填写和使用观课议课记录表？

【问】我们学校有的教师在使用观课议课记录表进行观课议课时，填完记录表以后，心里没底。下面是一位教师填写的观课议课记录表（如表 5 所示），请您指点一下。

【答】首先要感谢你们的实践，实践推动研究，推动观课议课落地。应该说，这位教师做得很棒，这份记录表也很有代表性。我想，这位教师在这份表格中填写的内容有以下值得学习和借鉴的地方。

在第一栏中，“线上上课的拖堂现象”表意明确。这种现象在课堂上真实存在，也正好体现了观课议课基于课堂现象的实证性特点。

第二栏中的问题基于课堂现象，在线上（乃至线下）教学中也普遍存在。这样的问题有讨论价值，能引起讨论兴趣，是一个好问题。注意，要用问句提出问题。观课议课的意义就在于对问题做出回答，做出了理想的回答就是好的观课议课。问句可以描述观课教师思考的焦点，也限定了授课教师思考和表达的范围。

在第三栏中这位观课教师记录了自己对这个问题的思考，也很不错。这里面有对拖堂的后果的认识“学生学习的参与度明显降低，学习效果一般”，有对原因的分析“课程时间的减少以及网络互动难度的增加”，有对自我的思考和对授课教师的理解“我应该也会同朱老师一样拖堂，毕竟既定的教学内容应当完成”，还有自己的反省“以后，我会尽量将教学内容压缩在课堂时间内教完，并且使用各种教学方法提高学生学习的积极性”。这体现出观课议课发现关系、认识关系的研究特质，这些都是

表 5　观课议课记录表示例

观课教师	×××	时间	××××年××月××日（星期×）	
学校	某小学	班级	五年级	节次：5
授课教师	朱老师	学科	科学	课型：新授课
1. 有讨论价值的课堂现象和教育故事（摘要）	2. 蕴含的教育启示、教育问题或教育难点	3. 对相关启示、疑难问题的理解和创造	4. 授课教师的认知和见解	5. 议课的建构
线上上课的拖堂现象。 教的行为描述：本节课没有全部完成教学内容，还拖延了上课时间，教学效果不理想。	线上课堂时间难以把控。应该如何把控线上教学的时间？	线上互动难度增加和课程时间减少等问题使教师难以把控课堂时间。 3.1 拖堂后学生学习的参与度明显降低，学习效果一般。学习对学生的吸引力不够，学生过度关注时间。 3.2 因为课程时间的减少以及网络互动难度的增加，使得教师不得不拖堂。 3.3 许多时候我也会因为内容没有上完而拖堂，却很少关注学生的状态。以后，我会尽量将教学内容压缩在课堂时间内教完，并且使用各种教学方法提高学生学习的积极性。 3.4 我应该也会同朱老师一样拖堂，毕竟既定的教学内容应当完成。	朱老师认为应当有所取舍，以学生收获知识为目标。 4.1 朱老师此前认为，将内容讲完学生就能学到更多。但是当看到学生在拖堂时的学习状态之后，他认为这样做意义不大。 4.2 朱老师认为如果真的不能在课堂时间内讲完，对教学内容做一些取舍，效果反而更好。 4.3 我看到了朱老师“以人为本”“以学生为本”的教学理念。 4.4 我认为朱老师提出的办法能够取得一定的效果，毕竟我们最终是看学生学了多少而不是我们讲了多少，许多时候我们讲了但学生并没有听进去。 4.5 通过朱老师的讲解与我自己的反思，我觉得，一方面，应该在教学内容上做一些取舍，取其精华；另一方面，我认为许多辅助教学的视频内容冗长、语速较慢，教师在一些地方直接做总结或者将视频加速播放效果会更好，能够空出时间与学生互动、解答问题等。	5.1 通过讨论和反思，我意识到应当注重教学内容的选择，尤其是线上教学视频更应当精选。 5.2 此前我虽然常读、常听到“以人为本”的教学理念，但是我一直认为这个理念比较空洞。这次朱老师讲的拖堂后学生的学习状态以及他提出的一些解决方法让我知晓了如何将“以人为本”落在实处。 5.3 在参加这次讨论之前，我也总是站在自己的角度看待教学，设计教学时也偏向教而不是学，忽视了学生的需要。这次讨论让我对“以人为本”的理念有了更加深刻的认识。
其他思考及需研究的问题	在课堂上，学生的参与情况与教师设计的教学流程有区别（是引导还是顺应？引导可能会忽视学生的自主性，但顺应又会很大程度上打乱教学计划）。			

极好的。这样的思考能促进教师自身的成长和进步。另外，这些思考为后面的交流对话做好了准备，确保后面的对话交流更有质量。

只是，第三栏中有几个可以改进的地方。此栏中教师现有的思考主要是认识层面的，对改善教学行为的表达比较笼统，没有交代具体有哪些方法。另外，这位观课教师认为改进的目的是“提高学生学习的积极性”，学生学习光有积极性是不够的，这位教师思考的幅度不够宽。

第四栏本就是要记录授课教师的意见，所以不一定要写“朱老师认为”，直接写授课教师的意见就好。授课教师可以表达原有的教学设想和计划，对课堂实践的认识和反思，也可以向参与者提出新的问题。通过4.4和4.5的内容，我们可以看出这位观课教师很重视授课教师的意见，并且有自己的意见和想法，这是很好的；但这是自己的收获和意见，放在这一栏未必好，可以放在第五栏。

我们设计这个表格时是希望由组织观课议课活动的主持人来整理第五栏的内容的，当然观课教师自己来梳理也是可以的。这一栏是对相关观点、方法和意见的整合。从集体建构的角度出发，主持人可以用这样的话语引出该栏的内容：“对 ×× 问题的讨论，我们的收获是……，可以改变的是……”这一栏的内容要尽可能简明扼要，建构的内容可以是认识上的，可以是有关具体改善策略的。有了这些东西，观课议课就形成了带得走的东西，就有了实际的活动质量和活动效益。

在上表中，观课教师表达的是个人建构：“让我知晓了……”“让我对……有了更加深刻的认识。”这体现出观课议课不是致力于评价他人，而是致力于谋求自身专业成长的学习者取向。遗憾的是，这位教师只谈到了观念和意识的建构，缺乏策略和方法的建构。

在“其他思考及需研究的问题”一栏中，这位观课教师描述了课堂现象——“在课堂上，学生的参与情况与教师设计的教学流程有区别”（应该不是“有区别”，可能是“有差异”），由此提出了“是引导还是顺应”的问题，并且给出了自己的思考“引导可能会忽视学生的自主性，但顺应又会很大程度上打乱教学计划”。这一栏中提到的现象值得讨论，但可能由于时间不够，本次活动未做讨论。

总之，这位教师积极参与观课议课并自觉进行思考的行为，是特别值得称赞的。

问答七：

观课议课有哪些主要环节？主持人应如何发挥作用？

【问】一般来说，观课议课有哪些环节？观课议课的主持人，即教研员或者教研组长应如何发挥作用？

【答】我曾多次以教研员或教研组长的身份主持观课议课活动。2020年12月1日，成都大学附属小学组织了一次观课议课活动，成都大学师范学院2020级小学教育专业硕士研究生杜胜洁和陈艾琳同学记录了活动的主要过程以及她们的意见，我推荐给大家参考。

（1）活动环节和过程。

第一个环节是观课教师自由观课。

活动开始后，陈大伟老师没有对观课教师说什么，授课的杨秀琪老师按照教学设想执教二年级的数学练习课“倍的认识”。

第二个环节是陈大伟老师讲解如何填写观课议课记录表（这是该校教师第一次使用该表），并组织教师填写该表。

陈大伟老师强调，观课议课聚焦研究，议课不要面面俱到，每位观课教师要选择一到两个最有讨论价值的问题；观课议课讨论的问题应该源自课堂上的事实和现象；对于课堂上的事实和现象，观课教师要有充分的思考和准备，要有“假如我来教……”的设想和贡献。基于这些理念，陈大伟老师要求观课教师在第二栏中填写这节课中最有讨论价值的问题是什么，以及自己为什么要讨论这个问题；在第一栏中填写提出这个问题是因为课堂上出现了什么样的现象，第一栏重在描述；然后在第三栏中填写对这个现象自己是怎么理解的，以及如果自己来教，会怎么处理。老师们第一次接触这张表，对填写表格表现出了极大的兴趣。

讲解结束后，陈大伟老师安排了十分钟，让每位观课教师独立填写表格的一、二、三栏。陈大伟老师还请杨秀琪老师在这十分钟里想一想自己上这节课的得失以及自己想要讨论什么问题。他说："'千金难买回头看'，只有反思才能把上课的经历转化为经验。"在这十分钟里，观课教师迅速翻看自己的观课记录，他们有的若有所思，有的奋笔疾书，有的忽而眉头紧锁忽而恍然大悟。陈大伟老师提醒观课教师说："人因思而变，此刻的活动才是最有效率、最有质量的教研活动，才是所有参与者任务明确、深度参与的思考活动。"

第三个环节是陈大伟老师讲解如何用观课议课记录表议课。

填表结束后，陈大伟老师说："观课教师独立填表是自主学习，接下来的交流讨论是合作学习、探究学习。"陈大伟老师对议课的流程做了如下说明。①观课教师用白描的方式描述有讨论价值的课堂现象与故事（表格第一栏）。②观课教师根据观察到的课堂现象，用问句向授课教师提出想要了解和讨论的问题（表格第二栏）。③授课教师诚恳回应，说出自己的教学设想和思考，并谦虚地询问提出问题的观课教师："你对这个问题有什么想法？""如果让你来处理，你会采取什么办法？"在这里，陈大伟老师特别强调了对提问的人进行反问的意义。他说："反问可以表达出授课教师主动学习的愿望，呼唤他人参与，让他人表达意见；同时，这样的反问促使所有参与者成为建设者。这一环节无论如何不能少，如果授课教师忘了，主持人要代为询问。"（授课教师的意见要填入表格第四栏。）④观课教师针对授课教师的询问做出回应，并根据问题进行回答和建构（表格第三栏）。陈大伟老师建议，授课教师和观课教师的互动可以是多轮的，而且最好是多轮的，以加深参与者对现象的理解，加深对彼此教育观念与实践的理解。⑤最后一个环节是教研组长或议课主持人基于表格第三栏及第四栏的内容，从大家的分享中提炼教学经验以形成成果，使每次议课都不流于形式。

做好安排以后，陈大伟老师邀请授课教师和其他四位教师一起议课，他则客串教研组长的角色，组织议课活动。

（2）议课中的对话与问题。

倪婕老师：在观课的时候，我注意到学生的答案和杨老师提出的问题没太大关系。比如，杨老师要求学生提出一个和数学知识点有关的问题，但是学生提出的问题却是某位同学的字没写好、格式不规范、符号没写工整……我反思了一下，发现自己的课堂上也常常出现这种情况。所以，我想讨论的问题是如何让学生提出有价值的数学问题。

陈大伟老师：请注意，我可能随时打断你们，因为我们这次活动的主要目的是体验和感受议课。倪老师的发言值得学习，她不仅针对课堂现象提出了问题，而且对问题有自己的反思，她意识到自己的教学中也有这种现象。我把倪老师的问题转化一下："在课堂上，怎么做才能把学生的提问和关注点集中在数学知识，或者说是核心的数学知识上？"

杨秀琪老师：我也注意到了这个现象。刚才我想了一下，今天起码有五位学生出现了类似的问题。出现这个问题的原因有可能是我平常在教学过程中对学生的书写习惯、表达习惯要求比较多，多次强化之后，导致学生在课堂上把关注点都放在这里了。

现在想来，当时我应该抓住机会正面引导。今天有一位学生提的问题和数学有关，当时我就应该顺势表扬他提出了高质量的问题，抓住了这节课的重点。如果我这样做，可能学生会更多地提出与数学知识点有关的问题。我现在就想到了这些。

倪老师，你是怎么看待这个问题的？你平时是怎么处理这个问题的呢？

倪婕老师：我的方法和你刚刚说的差不多，也就是及时给予学生正面的鼓励。小学低年段的学生模仿意识比较强，我想可以通过榜样示范的方式进行引导。

陈大伟老师：其他老师是怎么认识和处理这个问题的呢？

蒋亚君老师：我们常常会追问"还有其他答案吗"。因此，学生可能在将一些关于数学的答案讲完之后，就用书写是否规范、声音是否洪亮等答案来回应教师的追问。

陈大伟老师：听了你的意见后，我意识到如果学生回答出数学的核心知识，老师就不要再追问了。但现在的问题是，学生一直没有回答出数学的核心知识，如果让你来教，你准备怎么调整？

蒋亚君老师：学生回答完问题之后，要跟他们接触，要给予反馈，然后再追问其他学生“还有其他答案吗”。

陈大伟老师：如果我们一直追问，说不定学生会回答“字写小了”“声音应该更洪亮点儿”“回答问题时应该面带微笑”等。持续进行这样的追问，可能有效的课堂教学时间又不够了。

蒋亚君老师：那我就给一些提示吧，结合这个数学问题本身来提问。比如，引导学生围绕今天这堂课的三个核心教学内容“1 份数 = 多份数 ÷ 倍数”“多份数 =1 份数 × 倍数”“倍数 = 多份数 ÷1 份数”的关系来提问。我现在就想到这一种可行的改进方法。陈老师，如果让您来教，您要怎么设计？

陈大伟老师：你们刚才谈到了现象，我想说说我想到的原因。我注意到教学课件首页的要求是“画一画，画出○（的个数）是□（的个数）的 3 倍，注意作图规范”。什么是作图规范？学生理解的就是把圆画圆，把正方形画得方正。面对这样的要求，学生可能关注的就不是数学问题本身了。

基于以上分析，如果让我来教，我可能要调整教学要求和指导用语。数学是研究数量关系和空间形式的学科，数量关系是其最重要的内容之一，也就是说本节课应先关注学生画出的○的个数是□的个数的 3 倍。我不会先提作图规范，而是重点问“画对没有”“是否符合题目的要求”。为了引导学生去关注思路和方法，我们可以问学生：“这位同学是怎么画的？分为哪些步骤？”

倪婕老师：我们在数学教学的过程中是应该更多地关注知识点，但学生的行为习惯也需要培养，比如书写细节等问题；我们应该什么时候关注，关注到什么程度呢？

陈大伟老师：培养习惯的确很重要，而且教学一定要培养习惯。但一定是先培养把事情做正确的习惯，然后才考虑做规范、做漂亮。如果做题做错了，或者因为时间不够没有做出来，那么做得漂亮和规范的意义就不大了。数学课要教思维、教步骤，要先看结果对不对，再看表达的数量关系对不对，然后看思考的过程对不对，最后才看书写表达是否规范。我们要引导学生一步一步来，做好第一步后再进行第二步，逐步提高要求。今天参与活动的还有一些语文老师，语文教学也要注意教学要求的层次性，以写字教学为例，不能一来就要求学生写好、写漂亮，要逐步提高要求。

作为教研组长，我总结一下我们刚才的讨论内容，你们可以结合自己的思考填写表格的第五栏。刚才，针对倪老师提到的课堂现象，我们讨论了如何让学生围绕教学的核心知识思考和交流的问题。在以后的教学中，大家或许可以在以下几个方面做出改变：教师要有课堂时间有限、优先关注核心知识的意识，先要引导学生把问题答对，在此基础上再去培养其他好习惯；学生的答案离题目太远时，教师要注意引导，把他们的思路拉回来；树立学生榜样，用榜样引导学生抓住更有价值的问题。

这个问题我们就讨论到这里，下面请其他老师来说说你们发现的其他有讨论价值的课堂现象，提出需要交流讨论的问题。（其余略）

（3）从这次观课议课活动中获得的启示和收获。

观课议课的一个主要特点就是从批评走向建设。所谓“建设”是指参与者的专业知识、专业能力得到完善或重构，其课堂教学变得更合理、更有效。观课议课不主张对授课教师和课堂教学进行评判，而主张以第一人称谈改变、谈建设。有建设性的议课可以增强参与者的获得感和教研活动的实效。但这种走向建设的议课“必须实实在在地创造这样一个唤醒教师专业主体意识的子文化，一个让教师们真正感到安全的心理环境”[①]，需要以学论教，需要促进对话，同时也需要恰当的带领和引导。

第一，坚持以学论教、教学相长。

以学论教是观课议课的理念之一，这里的“学”是指学习主体的经验基础、学习方式、学习活动、学习状态与体验、学习质量与效果等。以学论教强调教师通过探究学生的学来讨论教师的教，挖掘教的行为背后的教育经验和教育理念，在共同反思中进一步改进和完善教学。在上述案例中，陈大伟老师引导观课教师从学习现象入手，反思并重建教育理念，重新思考教学行为，共同建构了达成理想教学效果的改进路径。

第二，坚持内部归因和追问反思。

面对问题时，我们既可以进行内部归因，也可以进行外部归因。观课议课更加鼓励内部归因，倡导教师进行深刻的自我追问与反省，这可以帮助教师认识、预测和调控自己未来的教学活动，发展自我认知，增强自我教学效能感，从而增强专业发展的内部动机。

本次议课讨论了两个核心问题：“学生的关注点为什么不在数学知识上”“学生审题的效果为什么不理想”。起初，大家更关注学生出了什么问题。在陈大伟老师的引导下，问题慢慢转变成了“学生为什么会这样”“学生的问题和教师的教有什么关系”。这些问题迫使教师进行自我归因、自我反思，迫使教师努力更全面和深刻地反省自己。这有助于加强教师的责任意识，可以帮助教师减少无用或者低效的体力劳动、技术投入，从而实现有效教学。

第三，议课需要核心人物的组织和引导。

《人民教育》的编辑余慧娟老师认为，有质量的议课依赖于一个既有专业水平又有现代教研文化意识的核心人物的引领，如果缺少这样的核心人物，议课就只能归于平庸。陈大伟老师主动做观课议课的主持人（他称自己的角色是教研组长），主要目的就在于展示观课议课核心人物的使命和作用。在学校日常的教研活动中，教研组长就应该成为这样的

① 余慧娟.“网络议课”的文化意义 [J]. 人民教育，2006(22): 36.

核心人物。

从这次活动中，我们可以看出核心人物在观课议课中大致要发挥哪些作用：一是营造平等开放的对话氛围；二是针对课堂现象，提炼出对参与者有意义的教育问题，使观课议课活动形成问题聚焦、形成问题研究；三是穿针引线，引起大家的对话和讨论，并将讨论引向深入，使教研成为真正的研究；四是进行梳理和总结，既要在课堂现象、现象背后的原因、教学改进设想等之间建立逻辑链条，又要注意在讨论完一个问题后，提炼出一些有效的实践改进策略，让参与者有所收获、有所改变。

问答八：

观课议课时教师如何“照镜子”？如何发挥想象力进行创新？[①]

【问】陈老师，我记得您曾经在一次讲座中讲到，观课议课就像照镜子，它主要的功能是看看我们的扣子有没有扣错，而不是为了知道自己有多漂亮。现在，我们参与观课议课活动的确能感受到尊重，也能找到更好的教学方向。但是，在这个过程中，参与者都不说授课教师的优点了，我们会缺乏一种被认同的感觉，能不能在议课之前先说一说好话？

【答】我个人认为，观课议课既不是说好话，也不是说坏话，说好话或坏话就是评课了。议课的目的是讨论课堂上的现象和故事。在课堂上，有些故事是美丽的、合理的，有些故事是有缺陷的。观课议课的目的不是批评这些有缺陷的故事和创造这些故事的教师与学生，而是讨论如何让未来的教学更合理。在议课时，我们不仅可以找存在问题的故事，也可以找一些很美好的故事，这也算说好话。

其实，我们已经尽可能让授课教师获得认同感了，比如，我常跟授课教师说：“如果你上出了让自己满意的课，你可以享受成就感；如果你的教学出现了问题，你可以享受贡献感，你的贡献是为参与者提供了讨论的话题。”

我将观课议课比喻为照镜子，是想说只有照见自己的丑，才能努力改进，让自己变得更美好。我认为，人的幸福感来源于自身力量的增强和自身力量的实现。自身力量的增强表现为不断改造自我，自身力量的

① 本章是笔者在广东省深圳市宝安区参加宝城小学观课议课活动后的答疑内容。

实现表现为有能力改造外在世界。“苟日新，日日新，又日新”“学而时习之，不亦说乎”，这是一种幸福；使自己的教学更有成效，看到学生在自己的课堂上生活得更幸福、成长得更明显，这是另外一种幸福。我认为，以上两种幸福比虚荣心更有价值。

另外，所有教学都或多或少有问题。优秀的教师面对批评时内心十分坦然，因为他们预想过自己的教学选择和得失，他们认为批评是议课教师的真诚关心而不是“挑刺”。批评打开了我们认识世界、认识教学的另外一扇窗户，帮助我们看到新的教学风景。

【问】观课教师只能关注小部分学生，那么这小部分学生是否能代表全班学生的水平呢？用这样一小部分学生的表现来讨论整节课的教学是不是不太合理？

【答】我们必须承认，部分组成了整体，没有部分也就没有整体。在观课议课时，我们提倡要坐到学生的身边去，你观察一部分，我观察一部分，这样我们就能掌握学生整体的学习情况了。同时，我们又要尽可能研究自己看到的现象是否具有代表性，防止以偏概全。在观课实践中，观课教师应注意以下几点。

第一，一定要提前进教室，在上课之前和身边的学生建立一种相互信任的关系，比如，问一问“你叫什么名字”“家住在哪儿”；还要对身边的学生进行调查，问一问“读书累不累”“能否看看你的作业”。调查的目的就是了解这位学生在班上属于什么水平，避免在接下来的讨论过程中以个别学生的学习情况来代表整体学生的学习情况。

第二，不仅要仔细观察身边的学生，还要尽可能多地观察其他学生。比如，我在一次活动中就近观察了两位学生，在学生读书的时候，我又起身观察了另外的十二位学生，我注意到这十二位学生中，有两位学生采取了指读的方式。观察的面要大一点点儿，才有代表性。

第三，要判断教师的教学问题、学生学习中的现象是否具有讨论的价值。若授课教师有教学失误，我们不必大张旗鼓地证明他的教学存在问题，课后对他稍加提醒就行。对于有讨论价值、可以引起大家思考的问题，我们可以先说现象、先讲故事，之后再听取授课教师的意见，并组织大家讨论。比如，我在观察到学生的指读现象后就一直在想：对一年级下学期的学生来说，指读是否还有价值？指读的好处是什么？指读的坏处是什么？什么时候帮助学生不指读更合适？于是，在议课时，我说出自己观察到的现象并提出问题。比如，指读习惯的意义、价值是什么，可能存在的问题是什么，我们应该怎么去引导，等等。这时讨论的内容已经不仅仅是两位学生的行为，而是我们可以研究的一个问题，这就是从分享现象走向研究与解决问题。

【问】观课议课提倡发挥教学想象力，创新教学。作为一线教师，我们的思维有时很狭隘。陈老师，我们应该从哪些方面努力呢？

【答】我认为可以从以下几个方面着手。

第一，教学目标的创新。比如，我们以往一般都是从字词的读音、写法等层面去考虑教学目标，其实我们在制定教学目标的时候也可以从培养学生的独立思想、人格、自尊、自信等方面进行考虑。比如，我执教部编版小学语文四年级下册的《乡下人家》时进行的教学创新就是设定了“让学生学会批判性地审视文本”的目标。我希望通过教学让学生意识到，面对优秀的文本，我们也要用一种批判的眼光去审视它，既要解读出文本的美和好，也要有自己的创见。

第二，教学内容的创新。比如，我在执教人教版小学语文四年级下册的《蝙蝠和雷达》时，发现课文介绍的是人们从蝙蝠身上得到启示给飞机装上雷达，以便飞机夜航时，驾驶员能看清障碍物。我的想法是要把教学的创新落实到学生身上，于是我对教学内容进行了拓展。在课文内容的基础上，我拓展了三个方面的内容：一是人如何看见原本看不见的地方，比如地下、海底、人的身体内部；二是看不到的人如何“看见”东西，比如盲人；三是人如何不被他人看见，比如隐形技术。这些拓展的内容使这篇说明文在知识和方法上的价值得到了最大的开发。如果感兴趣，大家可以看看我发表在2011年第22期的《小学语文教学》上的一篇文章《以“文”悟“道”——〈蝙蝠和雷达〉教材解析及教学建议》。

第三，教学顺序和结构的创新。我们在讲课的时候不一定要按照课文的先后顺序来讲解，也可以从课文中间或是最后的内容开始。比如，我执教《乡下人家》时就是从课文的最后一个自然段开始的。再比如，我执教人教版小学语文三年级下册的《和时间赛跑》时，注意到课文中间有一句话是“爸爸等于给我说了一个谜”；文中并没有说明这个谜是什么，于是我就从这句话入手，让学生说一说“这个谜是什么”“爸爸想要告诉我们什么”，以此展开对课文的分析。

第四，教学活动的创新。比如，我们过去进行生字教学是先找出较难的字，念出来后让学生写，现在我们也可以试着让学生选出自己认为比较难的字来写。这样，教师可以有更多的时间进行观察，学生也能得到自主锻炼，并养成预习的习惯。

创新的思路有很多，关键是教师要有想象力，不要以为只能这样教，也不要觉得大家都在用的方法就是最好的。

【问】一个班上的学生水平参差不齐。在观课的过程中，我们需不需要对不同程度的学生进行分层关注？

【答】我认为是需要的。我们可以在观课议课之前做这项工作，也可以课后借助录像技术来做。在观课议课前我们要做观课说明，其中就包括观课分工。观课说明包括三个内容。第一，授课教师说明教学背景，包括先教什么、后教什么，目的是让大家了解整节课的概况。第二，授课教师介绍自己的教学创新。比如，你准备在某个时候采取一种新的教法，希望其他教师看一下这种新的教法效果怎么样，可以怎么改进。第三，授课教师介绍观察对象。比如，班上有几位学生注意力不集中，我们可以请两位教师观课时看看这几位学生上课时到底在做什么。再比如，班上的学生层次不一，我们可以请观课教师看看不同层次的学生在课堂上的学习活动和收获有什么不同，成绩好的学生在课堂上干什么，学习比较吃力的学生在课堂上有哪些困难。

曾经，我通过视频发现，上课的时候我在靠近多媒体的走道走动了七次，在离多媒体较远的走道只走动了一次。在以后的教学中我就有意识地避免被多媒体“绑架”，尽可能多地走近在教室不同位置的学生。

【问】根据帕克·J. 帕尔默（Parker J. Palmer）提出的学习共同体理论，在议课的过程中某一个求知者会对一个案例主题提出自己的教学方法或教学形态，其他求知者会相应地提出各自的意见和建议。那么，在大家各抒己见的过程中，怎样才能验证哪种教学方法教学效果更好呢？这是不是涉及观课议课的后续问题？

【答】议课和磨课不同，磨课可以说是多中求一，是把多位参与者的意见汇集起来，打磨出一节课，这种方法在准备优质课竞赛时用得比较多。而议课是一中求多，就是以某位教师呈现的一节课为平台，一方面让参与者去理解授课教师的教学方法的合理性，这叫发挥教学洞察力；另一方面让参与者拓宽视野，各抒己见，思考这节课是否还有其他更好的教学方法，这就是发挥教学想象力。

议课要不要多中求一呢？我认为既可以求一，也可以不求一，这要视情况而定。刚参加工作的教师没有多少教学经验，我们最好告诉他哪种方法更好：“求一”的效果更好。有经验的教师可以自己判断。不“求一”是尊重教师的专业创造性，我们鼓励教师自己去选择、去创造。

观课议课是否需要后续呢？肯定是需要的。观课议课不是写句号，而是写逗号、写问号。我自己设想的最理想的状态是观课议课后，大多数参与教师都产生了“自己也要试一试”的冲动，渴望把他们在观课议课中体会到的东西去创造性地实践一番。当然，实际的情况是，观课议课很难产生立竿见影的效果，因为教学不是简单的技术模仿，它要经过一个筛选、加工和沉思、再造的过程。不过没有关系，因为我们已经播下了一颗颗有生命力的“种子”。

【问】您说，观课教师要成为课堂的参与者，甚至可以帮助授课教师指导身边的学生。这样做可能会对学生有帮助，但是否会影响课堂教学的客观真实？会不会干扰和影响授课教师的教学？

【答】首先，我们要想清楚我们进入课堂是为了什么。研究者观察课堂教学的目的可能主要是求真，因此他们需要观察和研究客观的事实。但我们不是以研究者，而是以一线教师的身份走进课堂的。虽然我们也需要关注客观真实的问题，但对我们来说更重要的是研究实践中的问题。我们不是要给别人下一个这节课上得好或不好的结论，因此，我们不必把是否客观看得太重要。另外，作为教师，如果我们看到眼前的学生学得不好，而我们的举手之劳就可以对他们有所帮助，相信我们谁都无法无动于衷。我们的确无法天天跑到教室里去帮助学生，但是在能够帮助的时候就要去帮助。既然有了这个机会，能够对学生有所助益，我们就要努力去做。

此外，我们不是纯粹的旁观者、研究者，我们是教学改进的促进者。我们要促进授课教师的教，促进学生的学。研究者和促进者的角色有冲突吗？我认为并没有冲突。要帮助教师和学生，我们就要观察，就要理解，就要想办法，就要置身其中，去检验自己的方法是否有效，这是更加深入和有实效的研究。我认为，在课堂上，我们的研究对象不能单一，我们不要以为只有研究授课教师才是研究，研究学生、研究自己就不是研究。应该说，研究自己才是更有意义的研究，这也是我们作为一线教师和专门做研究的研究者之间的区别——我们要研究自己，要学会教学。还有，我们一定不要有非此即彼的思维习惯。一个聪明人能够在做事时把前后左右都兼顾到，能够眼观六路、耳听八方。总之，我们走进教室，千万不要只扮演一个角色，单一的角色可以让机器来扮演。

附带也说一说，我们对教学的认识和理解不能太单一，我们观察别人的课，不要以为他一直就只采用这一种教学模式；也不要希望用一种教学模式解决所有的教学问题，每一种教学模式都有适合它的特殊情境。

对于他人的教学，我们要更多地理解，而不是简单地评判。

要提醒大家的是，我们需要把握帮助学生的时机和程度，不能喧宾夺主，抢了授课教师的“镜头”和“风光”，让学生把注意力都放在你身上，特别是授课教师在做讲解的时候，我们不要有太多动作。

问答九：

怎样理解教师的教育主张、教育信念及教学风格？[①]

【问】陈老师，我在学习和研究教师专业发展的相关问题时常常会看到“教育主张”“教育信念”“教学风格”等热词。对这些热词，无论是专家还是一线教师，似乎都没有一个清晰的界定，混用的时候很多。应该如何理解这些概念？它们在教师专业生活中的意义和价值是什么？教师怎么看待和形成自己的教育主张？教师应该有什么样的教育信念？教师专业发展的终点是否是形成自己的教学风格？……这些问题一直在我的头脑中纠缠，我想向您请教。

【答】《论语》中说：“名不正则言不顺，言不顺则事不成。”正名、澄清概念是讨论问题、进行实践的最为基础的工作。你的问题也是我的问题。教学相长，期望我们的讨论能够帮助我们解决这些问题，也期望通过我们的抛砖引玉，引发其他同行的参与和关注。

（一）教育主张的提出背景、条件和意义

【问】我在对文献进行研究的时候发现，在我国，教学风格作为研究对象出现的时间较早，而教育主张在2010年《国家中长期教育改革和发展规划纲要（2010—2020年）》颁布后才逐渐被更多人关注。这是什么

① 本章的问题均由四川省成都大学师范学院小学教育专业2018级硕士研究生唐海康提出。

原因呢？

【答】你提到的《国家中长期教育改革和发展规划纲要（2010—2020年）》，里面有这样的规划和要求："创造有利条件，鼓励教师和校长在实践中大胆探索，创新教育思想、教育模式和教育方法，形成教学特色和办学风格，造就一批教育家，倡导教育家办学。""办学"的教育家应该主要指教育实践工作者，他们不仅要有自己的教育思想，而且要将自己的教育思想付诸实践，为社会所认同，对教育产生影响。他们的教育思想、教育见解就是教育主张。这个纲要可能是产生教育主张研究热的政策方面的原因。

教育主张的研究热晚于教学风格的研究热，在我看来主要原因是人们对"教师能不能提出自己的教育主张"这一问题的认识和理解发生了变化。如果我们认为一线教师可以有自己的教育思想、教育见解，承认教师可以表达自己的教育主张，就会有更多的研究者关注和研究教师的教育主张，进而支持教师去提炼和表达他们的教育主张。如果我们认为一线教师只是教育理论的消费者，他们只能提供实践经验，不能产生教育思想和理论，那么研究者对教师的研究可能就会更多地停留在对教师外在的表现如教学态度、教学品质、教学风貌与格调上，也就是研究教师的教学风格。从这个意义上讲，我认为，教育主张被更多人关注，在一定程度上是因为大家认同教师能产生自己的教育主张。

【问】从刚才的讨论中，我理解到，教育主张应该是针对实践的，它主要是由教育实践者提出。它的内核是对教育实践的认识和见解，它可能是实践者的教育思想，也可能是实践者的个人实践理论。实践者能不能有自己的教育理论？能不能表达自己的教育主张？您怎么看呢？

【答】我认为实践者需要实践理论，得出这种实践理论不仅需要学习理论工作者的研究成果、接受理论工作者的指导，更需要实践者自身在反思性实践及行动研究中进行提炼和建构。实践者应该有自己的实践理论，实践者可以提出自己的教育主张。

实践者提出自己的教育主张，这样的例子数不胜数。苏霍姆林斯基是一位伟大的教育家，他的《给教师的建议》一书的主要内容，不是引用自他人的理论，而是表达他基于自身及其他教师的实践而得出的对教育实践的见解和主张。该书可谓教育实践者总结教育实践理论、传递教育主张的典范。

我国的李吉林老师几十年来一直从事情境教育的研究。从情境教学到情境教育，再到情境课程，她“基于以‘审美、智慧、情感’为特征的‘快乐·高效’课堂的建构，重新确立了儿童观、教学观、学习观和知识观，构建了‘以美为境界、以情为纽带、以思为核心、以儿童活动为途径、以周围世界为源泉’的操作系统，实现了对课堂教学人文与艺术的把握。”[①]“李吉林的情境教育是我国原创的、成熟的教育流派。李吉林的教育思想是具有中国特色、中国气派、中国风格的教育思想体系。”[②]李吉林老师的研究与实践为一线教师树立了光辉的榜样，她的情境教育主张已经产生并将继续产生广泛的影响。

【问】*苏霍姆林斯基和李吉林是伟大的教育实践家，他们的教育思想将影响一代又一代教师。我想问的问题是，教育主张是不是一定属于教育家，或者属于有十分丰富的教育经历并取得教育成就的人？普通一线教师或者像我这样准备做教师的人，是否可以提出自己的教育主张？*

【答】主张的内核是见解、思想。教师作为专业工作者，首先应该是一个思想者。李吉林老师曾说：“我不敢说自己是一个思想者，但我觉得，即便是小学教师，也应该有自己的思想和教育主张，那么，我就可

① 裴娣娜. 为了每一个学生：中国课堂教学改革40年的实践探索[J]. 中小学管理，2018(11): 20.

② 刘堂江. 为中国教育家走向世界喝彩[N]. 中国教师报，2008-12-09.

以大言不惭地说，我是一个思想者。”[①] 每一位教师包括即将成为教师的学习者，都可以有而且也应该有自己的教育见解、教育思想，只是不同的人的见解有水平层次的差异、系统性的差异、有无实践经验支撑的差异、社会影响的差异而已。

将自己的教育思想彰显为教育主张，有主动的成分，也有被动的成分。电影《叫我第一名》中有这样一个片段。主人公布拉德大学毕业后去山景小学应聘，校长和副校长问他：“你想当什么样的老师？”“你的教学理念是什么？”“你觉得你要教的最重要的东西是什么？”影片没有展示布拉德如何讲述自己的教学理念。对于“你想当什么样的老师”，布拉德的回答是：“就算学生与众不同，也要给他学习的机会。我不会给学生设限，不管他们问什么样的问题。”对“你觉得你要教的最重要的东西是什么”，布拉德说：“除了识字的重要性和数学的价值以外，要教他们做自己。”布拉德的回答以自身经历为背景，经过了自己的独立思考，表达的就是他自己的教育主张。以此为例，可以说每一位教师可能都需要提出自己的教育主张。

【问】您的话让我想到我的中学的校园文化墙。校园文化墙上有我们学校每一位教师的照片，照片下面不仅有他们的身份和工作岗位的介绍，而且有每位教师的座右铭，这可能就是这些教师的教育主张。我还注意到，在教研活动、教师专业发展活动中也可能会有关于教育主张的询问和讨论。看来，每一位教师都应该去思考和提炼自己的教学思想，时刻准备表达与分享自己的教育主张。

但有一个问题是，现实中主动公开表达教育主张的教师主要还是名优教师。您认为主动公开表达教育主张需要什么条件？

【答】这个问题可以转化为“提出有质量、有影响的教育主张需要什

---

① 成尚荣. 名师应当是思想者——谈教学主张与名师成长 [J]. 人民教育，2009(1): 43.

么条件”。我认为需要具备以下条件。首先，提出者对相关理论有相对广泛的涉猎与思考，提出的教育主张表达的不是零碎的、浅层的教育思想，而是比较深入的、系统的、具有一定特色的教育思想；提出者的教育主张背后有比较系统的理性思辨与建构，能够自圆其说，经得起同行的审视和质疑。其次，教育主张是关于实践的理论，是关于实践的见解，应该源于实践，所以我们提出的教育主张应该被实践证明具有可靠性和可信性，成效比较显著，得到了一部分同行的认同，有一定的传播范围和知名度。再次，提出者具有一定的教学勇气和表达意愿。帕克·J. 帕尔默认为，真正好的教学不能降低到技术层面，真正好的教学来自教师的自身认同与自我完整。敢于表达自己教育主张的教育者具有自身认同与自我完整的教学勇气，具有充分的理论和实践自信。比如，在电影《放牛班的春天》里，马修老师用音乐和美感化与影响学生的教育实践是成功的，但当马修老师把自己定位为“不成功的学监”时，他就不可能提出和表达自己的教育主张。最后，提出者要有一定的表达能力。余文森教授认为，表达教育主张的文字要力求简洁、有力、富有个性。表达一个主张，犹如亮出一面旗帜，说出一个宣言，需要我们反复斟酌和锤炼。

【问】看来，提炼教育主张是一个学习理论、形成思想，在实践中验证，再进行提炼和表达的过程。这对教师提出了较高的要求，但同时也可以促进教师的专业发展。除此之外，您认为教师提炼教育主张还有哪些方面的意义和价值？

【答】提炼、表达教育主张的意义和价值可以从两个方面来讨论。对他本人来说，我认为还有以下意义和价值。第一，促进教师的教育自觉。提炼教育主张是一个发现自我教育价值观、发现自我优势和特点、发现自我追求和目标，从而形成自我认同、积淀教育勇气的过程，同时也是一个认识自我、坚定自我的专业自觉的过程。第二，帮助教师找到诗意与远方。教育主张不仅是对教师已有实践经验的提炼，更是教师未来的行动方向和目标。法国作家维克多·雨果（Victor Hugo）曾说过，风格是打开未来之门的钥匙。风格是主张的实践呈现，我们可以说，教育主张是打开教育的未来之门的钥匙；落实教育主张并改变实践，可以让教师有目标、有梦想、有希望，从而避免出现职业倦怠，增加教师创造的幸福感。第三，教师通过“立言”实现人生价值。《左传》中说：“太上有立德，其次有立功，其次有立言，虽久不废，此之谓不朽。”教师提炼、表达和传播有价值的教育主张，就是在为自己的教育人生“立言”。

提炼和表达教育主张有以下几个方面的社会意义。一是丰富教育知识的来源。教师个体的教育实践性知识来源于实践，被实践检验过，可以成为公共教育知识的一种来源。这些知识不仅对一线教师极富意义，也为教育理论研究工作者提供了借鉴。二是提出教育主张的教师为其他教师树立了一个榜样。其他教师可以向提出教育主张的教师学习理论学习、独立思考、反思性实践、理论概括与提炼的路径与方法，开展教育创造，增强教育自信，积淀教育勇气。三是可以凝聚教育团队。名优教师提出教育主张以后，他就举起了一面旗帜，可以吸引一批志同道合者，吸引一批追随者，组成团队对相关问题进行更深入的研究，使他的教育主张根深叶茂，发挥更大的作用。

【问】陈老师，我想冒昧地问一下，您的教育主张是什么？

【答】我认为教育是教学生，教学生生存的本领，生活的智慧，生命的意义、价值和尊严，这是我关于教育目的的主张。基于这个主张，我认为我们要挖掘关于生存本领，生活智慧，生命的意义、价值和尊严的教学内容来教，从学科教学走向学科教育，培养学生的核心素养。至于教育方法，我主张从提供思想走向促进思想。

【问】从您的回答中，我发现教育主张并不单一。但学界一般认为，教育主张应具有简明性和独创性。您怎么看这个问题？

【答】教育主张来源于教学实践，而实践涉及的要素很多，所以教育主张包括多个方面的内容，不可能单一。

我赞成教育主张应具有简明性，若字数太多，也不利于传播。孔子说："吾道一以贯之。"能够用简明的话来表达和传播自己的教育主张，这是很有必要的。

至于独创性，我个人认为，只要教师根据实践中的问题，进行自我的创造性实践，并经过自我的独立思考和创造，语言表达上名实相符，就能提出具有独创性的教育主张。说到底，合理的教育主张一是要遵循儿童的身心发展规律，二是要适应社会发展。这是常识，这是教育的"大同"，独创性只是这种"大同"之中的"小异"。另外，如果过分地强调教育主张的独创性，就会让教师为创立概念而创立概念，为表达而表达，失去基于实践、为了实践的根。

【问】"吾道一以贯之。"您能否更简明地表述您的教育主张？

【答】大道至简，大道归一。在我看来，最为简明的教育主张是回归教育常识的，是朴实无华的，而这样的表达也就可能不是一个人的了。我的教育主张可以表述为"教育，为幸福的人"。这样的表述不能说是我自己的独创，它大致是一种对教育常识的申明。所以，简明的表达下面要有思想和理论的根，我们在看到别人简明的教育主张后，也要琢磨其教育主张背后的思想和理论的"根"。教育主张犹如沙漠中的红柳，外在简单、普适，但扎根要尽可能深，延展要尽可能广，这才立得住。不然，教育主张也就是一个口号，犹如水面的浮萍、风中的飘絮。

（二）教育信念及人性观念

【问】按照我的理解，教育主张下面应该有教学实践的"根"。除此之外，还有什么"根"呢？是教育理论、教育思想，还是教育信念？或者是兼而有之？如果是兼而有之，谁又是重点和关键？

【答】你的问题很好，但不好回答，我姑妄言之。我认为教育理论、教育思想与教育信念是兼而有之的，但教育思想更为关键。在我看来，教育理论具有公共性，它可以成为教师提出教育主张的基础，也可以成为教师审视教育主张的参照物，但要直接为教师提出教育主张服务，还需要经过教师的理解、消化和转化。赵昌木教授认为："教师信念是教师自己确认并信奉的有关人、自然、社会和教育科学等方面的思想、观点和假设，是教师内在的精神状态、深刻的存在维度和开展教学活动的内心向导。"① 信念对教育现实具有一定的超越性，具有强大的精神力量，可以成为萌生教育主张的"种子"，但它与教育主张之间，还隔着教育思想这一中介和桥梁。至于教育思想，我们既可以把它看成主体的行为，也可以把它看成主体的建构。从主体的行为来看，教育主张的提出者要去思考、去研究，扎根要深；从主体的建构来看，教育主张的提出者要有自己的思考、自己的观点和自己的见解，要表达经过自己思考的成果。从这个意义上讲，教育主张与教育思想的关联最为紧密。

【问】在谈到教育信念的时候，您说"信念对教育现实具有一定的超越性"，这里的教育信念是不是更接近教育信仰？您是怎么理解教育信念的？

【答】德国哲学家卡尔·雅斯贝尔斯（Karl Jaspers）在《什么是教育》中说："教育须有信仰，没有信仰就不能成其为教育，而只是教学的技术而已。教育的目的在于让自己清楚当下的教育本质和自己的意义。除此之外，是找不到教育的宗旨的。"② 在表述上，我选择教育信念，在立意上，我倾向于教育信仰。什么是信仰？信仰是人们相信并奉为准则或指南的某种主张、主义等，它包含人们坚定不移的相信、满腔热情的笃定、坚韧不拔的意志和全身心的投入。我所理解的教育信念除了确信、

① 赵昌木. 论教师信念 [J]. 当代教育科学，2004(9): 11.

② 雅斯贝尔斯. 什么是教育 [M]. 邹进，译. 北京：生活·读书·新知三联书店，1991: 44.

深信、坚信以外，还要反映自身生活的需要。也就是说信念持有者认为持有这样的信念，生活会有希望，生活会更美好。同时，这样的信念还有现实超越性，有一种理想主义的东西在里面。

【问】您能不能举一个例子？

【答】你准备做教师，你是否确信教育一定有作用？

【问】我确信。

【答】能不能证明教育对所有人都一定有作用？

【问】不能，教育不是万能的，教育对某些人是不起作用的或者说作用很小。

【答】你觉得相信“教育一定是有作用的”还是相信“教育有时是没有作用的”更有意义？

【问】我宁愿相信“教育一定是有作用的”，这会让我感觉教育有价值、有意义，会让我努力改变自己。

【答】认定“教育一定是有作用的”，就是我所理解的教育信念。我们在生活中需要教育信念，相信它会让我们的生活更有希望，让我们的教育生活变得更美好。教育信念是教师生活的精神支柱，但它又不是实践所能完全证明的。

【问】我在《影像中的教育学：从电影中体悟教育与人生》一书中读到您这样的观点：“在精神上我们还需要有自己的相信，人总得相信一些东西，信任一些东西。比如，相信饭能充饥、水能解渴、衣能保暖，相信天不会塌下来，世界还有美好的明天，等等，这样我们才能正常生活，不然就会惊慌失措、坐卧不安。这就是我对‘人无信不立’的第二种解释。”[①] 我未来准备当教师，您在教育信念方面对我有什么建议呢？

【答】人的信念常常以经验为基础。在教师生活中，你会经历一些事情，形成某些经验判断，这些经验判断或被实践验证，或经理性审视，未来将成为你恪守的观念与态度，在你的意识中升华为信念。相信通过实践，通过自己的审视和沉淀，你会结合自己的生活需要，形成自己的教育信念。

我认为确立以下教育信念至关重要：一是要相信教育是有作用的；二是要相信“每一个人都有一颗想成为好人的心”，对学生要怀有信心，不抛弃、不放弃；三是面对教育问题时，要相信总会找到解决办法，要努力想办法、做研究，承担相应的责任。

【问】我从您的表达中，看到了非常积极的人性观。但人性并非都是善的，我们的古人就有不同的人性观，比如孟子主张人性善，荀子主张人性恶。您怎么看待这些观点，这有没有影响过您的教育信念？

【答】尽管对人性善恶的认识不同，但我国古代的思想家都十分重视后天的修习。所谓“性相近也，习相远也”，“性”是指先天禀赋，是人与生俱来的素质，“习”是指人经过后天学习所获得的素质。这句话的意思是说人的先天禀性没有太大差异，人的差异主要缘于后天修习的不同。在加强后天修习的基础上，孟子说“人皆可以为尧舜”，荀子说“涂之人可以为禹”。

性善论认为人性本善，教育要保护好被教育之人的童心，其对人性的乐观主义态度和强调人是道德主体的认识对今天的教育无疑具有极大的启示作用。性恶论强调社会教化、法制对人的个性的约束和限制，古人所说的“蓬生麻中，不扶而直；白沙在涅，与之俱黑”，对改善教育

① 陈大伟. 影像中的教育学：从电影中体悟教育与人生 [M]. 北京：中国人民大学出版社，2017: 12.

环境、加强制度建设具有积极意义。而“性犹湍水也，决诸东方则东流，决诸西方则西流。人性之无分于善不善也，犹水之无分于东西也”“人之性也善恶混。修其善则为善人，修其恶则为恶人”等理论不仅肯定了后天教育和环境对人的作用，而且隐含着“教育是把双刃剑，好的教育成人，坏的教育毁人”的深意。我想，我们从每一种对人性的理解和假设出发，都可以找到自己教育信念的源头，发现教育的出路与应对方法。

【问】我也相信人性是善的，过去的生活经历使我有这样的信念。

【答】我很高兴你有这样的信念。但如果你要从事其他行业，可能需要做出调整。比如，如果你从事刑侦工作，在破案之前，你可能需要有一种“每个当事人都有可能犯罪，每个当事人都可能是嫌疑人”的警惕，这样才不会漏掉罪犯。从这个意义上讲，我们从事不同的行业、不同的工作应该有不同的人性假设。

（三）教学风格及其运用

【问】从刚才的讨论中，我意识到，教育信念不仅是教育实践以及人们凝练地表达教育主张的精神力量，而且是教育思想、教育主张的深层内核。那教育信念和教学风格是否也有关系呢？

【答】教育信念是这一切的深层内核，可以反映出人们对人的理解和假设。大卫·休谟在《人性论》中指出：“显然，一切科学对于人性总是或多或少地有些关系，任何学科不论看似与人性离得多远，它们总是会通过这样或那样的途径回到人性。”[①]“任何重要问题的解决关键，无不包括在关于人的科学中间；在我们没有熟悉这门科学之前，任何问题都不能得到确实的解决。”[②]我以电影《放牛班的春天》为例进行说明，我们可

①② 休谟. 人性论 [M]. 关文运，译. 北京：商务印书馆，2016：引论 2，引论 3－4.

以从马修老师和哈森校长身上看出不同的教学与管理风格，在两人不同的教学与管理风格背后是人本主义与行为主义教育思想的差异。人本主义教育思想背后可能是“每一个孩子都有一颗想成为好人的心”的人性理解与假设在起作用，而行为主义教育思想背后则可能是“人需要约束、人是由外部环境塑造的”这一人性理解在起作用。所以，最核心的还是我们怎么看待人，如何理解人的需要，如何理解人的发展……你信什么，信什么样的人，信什么样的教育思想和理论，可以说是一切基础的基础。从这个意义上来说，教育信念一定是教学风格的精神内核。

【问】现在我的理解是，教育主张是说出来（或者写出来）的教育信念和教育思想，教学风格是做出来（或者表现出来）的教育信念和教育思想。我想再问一个问题：教育主张与教学风格有先后关系和互动关系吗？

【答】就先后关系看，以下两种情况都有可能：一是教师在已经积累了相当丰富的教学经验，形成了自己的教学风格之后，对教学经验、教学风格进行理性审视，提炼和提出基于教学风格的教育主张，这是一种总结经验、概括理论的思路；二是教师在理性思考的基础上，提出变革的主张，再将这个主张付诸实践，在实践中形成教学风格，体现出教育主张，这是一条理性思考先行、行动研究在后的变革思路。两种思路各有自己的前提条件和适用对象。

对实践工作者来说，知行统一，知行互动，教育的说和做一定要相互统一、相互促进。这种统一和促进表现为在教育主张统率下的教学风格更加理性、更加精到，经过教学实践检验的教育主张更加完善和经得起推敲。从这个意义上讲，无论是教育主张还是教学风格，本身都应该具有发展和进步的特性。

【问】在讨论教育主张时，我注意到您对强调独特性是颇为警惕的。那您如何看待教学风格的独特性？

【答】教学风格不是技术和方法的简单组合，它是教师在教学实践中表现出来的思想观念和精神气质，是教师相对稳定的个性化的教学风貌。它是一种客观存在的教学现象，不是研究者在头脑中靠想象虚构出来的东西。个性化的、独特的教学风格是一种客观存在，我们需要尊重教学风格的客观实在性。可以说，若一位教师没有相对独特的精神气质与教学风貌，就说不上他形成或者具有了某种教学风格。

我们要讨论的不是教学风格是否应有独特性的问题，而是在教学实践中如何运用教学风格的问题。我的观点是，一方面，教师在教学实践中要充分展现自己的教学风格，发挥教学风格的育人力量和社会影响；另一方面，又要对自己的教学风格保持警惕，注意有所节制和克制，避免学生在一种风格的影响下变得狭隘和偏颇。也就是说，教育主张和教学风格可以是鲜明与独特的，但我们在实践中需要加以平衡。

【问】对此，我有些不解，您能不能举例说说？

【答】我曾经看过一部电影，影片中的老师主张思想解放，主张自由、浪漫，这样的精神气质决定了他的教学风格。在课程内容上，他不教大部分现实主义诗歌而重点教浪漫主义诗歌；在教学方法上，他重视身体的解放。教师选择教学内容时偏重浪漫型和理想型，这无可厚非，但生活除了理想还有现实。若过分追求理想主义，没有接受应对现实的教育，学生将在现实生活中举步维艰。孙元涛教授认为："一种被长久压抑的事物一旦得到解放，常常会以一种狂欢的姿态表现出极度的非理性倾向。身体的解放本来是身体的喜剧，但是身体对理性透露着报复倾向的清算，或许会使身体成为另一种更为可怕的破坏力量，身体喜剧隐含着再次走向悲剧的可能。"[①] 面对自己不认同的教材内容，这位老师采取了让学生撕书的方式……老师极端的教学风格使学生的思想走向极端，以致学生以悲剧性的方式处理自己和家庭、束缚之间的矛盾。可以说，

① 孙元涛．身体问题的教育学思考 [J]. 教育理论与实践，2006(10): 8.

学生的悲剧性结局从这位老师让学生撕书，由此让学生体会到叛逆的快感开始就埋下了伏笔。

联合国教科文组织国际教育发展委员会在《学会生存：教育世界的今天和明天》中有过相关的论述。“教育既有培养创造精神的力量，也有压制创造精神的力量。教育在这个范围内有它复杂的任务。这些任务有：保持一个人的首创精神和创造力量而不放弃把他放在真实生活中的需要；传递文化而不用现成的模式去压抑他；鼓励他发挥他的天才、能力和个人的表达方式，而不助长他的个人主义；密切注意每一个人的独特性，而不忽视创造也是一种集体活动。”[①] 学生的生活是丰富的,学生的生命应该是完整的，学生未来的生活也应该是多样的，因此我主张教学风格的运用不能走极端。我们需要“极高明而道中庸”，把握好充分运用教学风格和正确、合理地运用教学风格之间的平衡。

① 联合国教科文组织国际教育发展委员会. 学会生存：教育世界的今天和明天[M]. 北京：教育科学出版社，1996: 188.

—下篇—

回顾：过程与成果

以人为本

同在共行

因思而变

一、研究的主要过程和阶段性任务

观课议课总体经历了“发现和研究实践问题—研究并提出问题解决方案—运用方案解决实践问题—反思并提炼成果—再次将成果运用于实践—发现新的实践问题”的循环和逐渐深化的研究过程，它大体可以分为以下几个阶段。

（一）成果的孕育和成型

1999 年，一位中学教师给我打电话，说进修学校的教师在听了她的课以后，当着学校领导的面说了许多她在教学中的问题。她向我诉苦：“他们只是下结论，提的意见我又根本做不到。”这使我关注到“在听课评课中如何既帮助教师成长又能保护他们的面子和积极性”“如何引导教师认识课堂教学和自身的不足”等问题。

2001 年，我到一所学校参加教育教学年会，听完课之后我问校长：“与几年前相比，现在的课堂教学有了哪些进步？”校长最后只说：“运用了多媒体。”在中小学，听课评课不仅参与面广，而且耗时很多，如果效益不高（仅仅用了多媒体，而且使用的方法还不是很合理），浪费的就不仅仅是时间和财物，还包括教师宝贵的教研热情和积极性。这使我关注到“如何以更有效的方式进行听课评课”的问题。

2003 年春，我到一所中学和教师交流。我问他们：“你们对自己的生存状况满意吗？你们感觉到教师生活的幸福了吗？”这个问题让参与的教师表情变得严肃，他们的表情告诉我他们的生活不幸福。这使我关注到“关心教师生活，引导教师追求幸福生活”的研究问题。我由此开始研究教师的幸福问题，确定了以人为本的核心研究价值取向。

2004 年第 11 期的《人民教育》刊发了以“新课程背景下如何评价一堂课”为讨论话题的一组文章（包括《评课究竟谁说了算》《好课看什么》《评课文化的反思》），提到“人本”还是“文本”、授课教师与评课教师是否有平等关系等问题。我跳出原有思路，觉得首先应该讨论“什么是‘算’，怎样才‘算’”。经过思考，我有了如下认识。

中小学教师参与听课评课的主要目的是实践，是改进教学。也就是说，评课者所表达的意见只有能落实到教学实践中，能实实在在地改进教学行为，提高课堂教学的水平和质量，才能够称得上“算数”。

“算不算”“算多少”取决于三个要素：首先是“说”，也就是评课者说了什么（说的东西有没有用）和怎么说（是否采用了别人愿意听的说话方式）；其次是“听”，指参与者爱不爱听、想不想听、如何听；再次是“用”，指评课者的意见是否有用、是否能用以及参与者是否愿意用。

在这三个要素中，“说”是前提，“听”是中介，“用”是目标、核心。

2005 年 5 月 8 日，在山东省淄博市淄川区黑旺中心小学，我第一次采用议课的方式与授课教师交流，赢得了当时的淄博市教师教育办公室负责人的赞同。他和我约定在暑期用这种方式培训教师。8 月 5 日，在淄博市中学骨干教师的培训活动中，我用观课议课的方式组织研修活动，得到了参与者的充分肯定。自此，观课议课的核心思想和基本方法基本确立。

我以这次交流活动为案例，完成了《探寻一个敞亮的教学视界——记一次现场议课活动》，还和余慧娟老师完成了《为了教师的批判精神——关于“观课议课文化”的对话》（两篇文章刊于 2006 年第 7 期《人民教育》）。自此，观课议课进入实践阶段和研究者的视野，开始引起研究者的关注。

（二）成果的检验与完善

2006年3月，我受邀在河南省济源市以观课议课为主要方式推动校本研修。在2006年第24期《人民教育》以《抵及教师专业发展的内核——河南省济源市“教师素质年”活动扫描》为题的通讯中，记者钱丽欣、赖配根发现：“自从观课议课实施以后，老师们对研修的态度发生了实质的改变。”“观课议课充分调动了教师参与教研的积极性。”“由于观课议课是在同伴互助和协作的情境下实现的，这种研修形式使教师之间的沟通、对话和交流增多，使学校的研究氛围发生了根本改变，为课堂教学的改进提供了可能。”“以议促教，平等交流已经成为老师们的自觉行动。”①

2006年10月，四川省成都市高新区实验小学、陕西省西安市西安交通大学附属小学、西安市未央区西航三校，以及河南省郑州市中原区育才小学等学校也开始参与研究。在接下来的3年时间里，参与团队先后在成都、西安、郑州召开4次研讨会。2009年5月6日，记者吴松超在《教育时报·课改导刊》头版，发表了《观课议课：超越课堂的课例研究——全国第三届观课议课研讨会纪要》的报道，指出：“4月29日—30日，全国第三届观课议课研讨会在郑州市中原区育才小学举行，来自全国8个省市的观课议课实验学校的80多名代表交流了经验，研讨了困惑大家的问题，明确了进一步推进实验，实施有效观课议课的思路……经过近3年的研究和实践，观课议课已经赢得越来越多的学校、教师的认可，其理念与实践理论也有了新的发展。……西安交通大学附属小学在参加此次会议之前，专门对教师在两年多时间的观课议课中的感受和困惑进行了匿名调查。调查发现，观课议课给教师带来了很多改变，比如，在议课中都可以做到以良好的心态平等对话；注重‘以学论教’，并

① 钱丽欣，赖配根. 抵及教师专业发展的内核——河南省济源市“教师素质年”活动扫描[J]. 人民教育，2006(24): 28.

习惯‘到学生中去’发现问题，寻找教学案例，在议课时能围绕案例中的困惑和问题进行讨论，并商议解决办法；教师已经基本具备了‘直面问题’的意识；等等。该校的张宏燕主任还介绍了如何使观课议课活动制度化、经常化的经验。哈尔滨市教育研究院2008年组织实施了全市2184所中小学参与的‘中小学校长观课议课大赛’活动，该院副研究员杨春兰介绍了组织实施的经验。”①

（三）开启观课议课的课程研究

2007年8月4日，《中国教育报》刊发了《学校的产品是课程》，标志着观课议课不仅观察课堂，而且开始观察、研究课程，希望实现课程改革。

这一阶段的主要研究成果有《学校的产品和教育的评价》[刊于2010年第11期《福建论坛（社科教育版）》]、《怎样衡量教学行为是否“有效”》（刊于2007年10月19日《中国教育报》第6版）、《我心中的理想课堂》（刊于2009年第4期《天津教育》）、《观课议课与课程建设》（由华东师范大学出版社于2011年11月出版）、《有效教学的理念与实践》（由天津教育出版社于2010年4月出版）、《追寻理想的语文教学：我这样观课、议课和上课》（由教育科学出版社于2013年7月出版）。

从2013年1月到2016年10月，贵州省贵阳市云岩区进行了“理想课堂实践研究”，形成了区域课程和课堂改革推进方案，提炼了相关成果，项目研究的效果理想。

① 吴松超. 观课议课：超越课堂的课例研究——全国第三届观课议课研讨会纪要[N]. 教育时报·课改导刊，2009-05-06.

（四）案例研究和方法推广

案例研究是观课议课的主要研究方法，也是观课议课最重要、最基础的研究模型。我出版了《教育案例写作与研究》一书，承担过“教育案例的研究与开发”的课题研究。此外，我还在 2015 年第 5 期《上海教育科研》上发表了《教育案例研究的三种指向》，提出了“从效果理想的案例中发现有效教学的实践策略”“研究不理想的教学案例背后的原因并对其进行教学重建”“研究存有疑惑的教学案例时既要‘入乎其内’，又要‘出乎其外’”等案例研究主张。

2017 年，我提出用观课议课的方法观电影、议电影，并由中国人民大学出版社出版了《影像中的教育学：从电影中体悟教育与人生》一书。我还在《中国教育报》上发表了《教师怎样专业地“读”电影》《“我们就是旋律，我们就是你生命的乐章”——细说教育电影中的那些优秀教师形象》等文章。

二、研究致力于解决的主要问题

教研活动有多种方式，在一线教学中，观察和研究课堂教学是最为常见、最为基础的教研方式。我们在看到各种教研活动对提高教学质量和推动教学改革的积极作用的同时，也要看到一线教师在参与教研活动时主动性、积极性不强，研究不够深入，教研活动存在缺乏民主开放的对话氛围、实效性不足等问题。观课议课致力于研究和改进教研活动，使课堂观察的教研方法更具特色和实效。

（一）厘清观课议课的侧重点及议课与评课、磨课的区别

1. 观课议课的侧重点

观课议课是参与者相互提供教学信息，共同收集和感受课堂信息，在充分拥有信息的基础上，围绕共同关心的问题进行对话和反思，以改善课堂教学、促进教师专业发展的研修活动。观课议课定位于研修。“研”是对问题的研究，目的是认识在实践中教育活动诸要素和诸环节之间的关系，并用取得的认识成果改进实践，提高行动的质量和水平，追求用更有效的行动争取更好的教育教学效果。“修”是修养，修以期其粹美，养以期其充足；修犹切磋琢磨，养犹涵育熏陶，目的是促进教师的自我充实和完善以及专业的成长和发展。

研修是解决问题和实现教师专业发展的统一，是“成事”与“成人”的统一。观课议课更侧重于“修”，因为实践问题层出不穷，每位教师的问题又各不相同，可以说没有教师自身的专业发展，不提高其研究和解决问题的积极性，不提升其专业能力，教师的问题永远无法得到有效

解决。研修以教师发展为根本，通过教师发展实现教育教学问题的解决。教师“修”的有效途径是参与对实际问题的研究，以及运用研究成果解决实际问题，在做中学，在研中学。这决定了参与教师应以教育教学中的实际问题为抓手，以参与解决问题的方式实现专业发展的目标。

2. 议课与评课、磨课的区别

从词义上看，评是评价、评定、评论，评课是对课堂教学进行评价、评定和评论。磨课是对课堂教学进行打磨和加工，使其更加精美。议是议论、对话、讨论，议课是发现和讨论课堂上各环节、各要素之间的关系，是探讨课堂教学的种种可能性。

从适用对象上看，评课指向的是人，目的在于判定授课教师教学水平和质量的差别、高低，并把结论用作奖惩授课教师的依据。磨课主要指向课堂改进，指向具体的某一节课的教学内容与方法（这是课例研究的主要方式和取向）或者某一个具体的人，目的是使这一节课更加完美，以用于公开课、优质课、观摩课的展示和竞赛。议课指向的是课堂活动中有研究价值的教学问题，针对问题展开研究，以实现改善课堂教学，促进参与者共同发展的目的。从实际用途来看，若我们需要对课做出判定和评价，评课的方式更恰当；若我们要打造一节课，使其更精美，可以采用磨课的方式；议课则更适合在日常的校本研修活动中进行。

从参与者的地位和关系来看，评课有评与被评的主客体差异，磨课存在帮助和被帮助的关系，因此参与者很难真正地平等对话和交流。议课的参与者都是学习者，参与者要建立学习共同体、成长共同体，必须充分尊重彼此。

从结果来看，评课主要是要得出授课教师教学水平和质量的“高”或“低”、“好”或“不好”的结论。磨课是要发现这一课更合理的授课方式，使课堂教学环节更流畅、师生互动更默契、教学效果更理想，可以说它的结果最终是大一统的，是“多中求一”的。这种“多中求一”可能改变和成就授课教师，促进授课教师成长，也可能使授课教师失去自己的主见和教学个性。议课是从这一节课上的现象和故事出发，理解教学，认识各教学环节、要素之间的关系，一方面讨论和思考这一节课更多的教学可能性；另一方面又要跳出这一节课以获得更加具有普遍意义的教学指导思想，有“一中求多”“术中求道”的追求。面对多种可能性，参与者还需要自己选择、自己思考。如果参与者放弃思考和选择的责任与主动性，议课是达不到效果的。从这个角度来看，议课更需要教师具备主动性和积极性，观课议课更加注重激发和培养教师的积极性、主动性。

《礼记》说：“万物并育而不相害，道并行而不相悖。”就像铅笔与毛笔各有各的表现力，各有各的使用场合，评课、议课、磨课彼此不是取代与被取代的关系。观课议课主要适用于日常的教研和教师培训活动，学校是最适宜的场所，教师是其中的主体和主角。日常生活性、普遍参与性、教师发展优先性，既是观课议课的主要特点，又是其存在的意义和价值所在。

（二）创造幸福的教师生活，提高教师的教学变革积极性

1. 引导教师认识和追求幸福生活

对于幸福，我们建立了“幸福是人审视自身生存状态后所获得的愉悦感受”的认知基础。以此理解幸福：幸福的形式和内容是主观的，而幸福的对象——自身的生存状态是客观的；创造自己的幸福生活不仅需要积极的心理，而且需要达成一种基本让人满意的生存状态。获得基本让人满意的生存状态是一种能力，所以，获得幸福也是一种能力。

（1）教育与幸福是互为依存的关系

相关研究指出，刚出生的婴孩并不具备幸福生活的能力，人也无法通过遗传获得幸福生活的能力，人的幸福生活能力需要通过后天的学习来获得，需要通过接受教育来发展。教育的价值和意义就在于能提升人

的幸福生活能力，实现人的幸福生活。幸福需要教育，这是教育存在的根本意义和价值所在。

教育也需要幸福。一是教育需要将幸福作为终极目标。人类活动的终极目的在于追求和实现自身的幸福生活。教育的目的指向人，以人为本的教育就要以人的幸福为本，培养学生幸福生活的能力，引导学生追求和创造幸福生活。没有对人的幸福的追求和满足，教育就失去了终极目标；偏离了人的幸福，教育也就偏离了正确的方向，也就失去了其存在的合理价值。二是教育需要幸福的过程作为支撑。基于幸福生活的愿望，教育的可能性和积极性能在教育中得以体现和实现。如果没有幸福的成长过程作为支撑，学生的学习将难以为继。若学习缺乏快乐和幸福的体验，学生可能会采取种种方式逃避。如果教师不能体验教育生活的幸福，教师就会失去教学的勇气和信心，就会出现疲惫、厌倦、抱怨、缺乏创新等消积情绪及行为，影响教育生活的质量，进而影响人生的质量。三是教育需要幸福的教师实践。在学校这个“场”中，学生极易从教师那里得到暗示和影响，快乐的教师周围常常生活着幸福的学生。

（2）教师的幸福生活有“内化”与“外化”两种实现途径

清醒地活着的人有“内化”和“外化”两种生存方式。“内化”是享用他人提供的劳动成果（比如吃农民种出的粮食、穿工人制作的衣服）和文明成果（比如读书、学习），保存和延续生命，丰富和提升生命价值。“外化”是指通过一定的实践活动（比如工作、劳动）来表现自己、实现自己，体现人生的意义和价值。幸福应该而且可以在“内化”与“外化”中得以实现。

我们先看“内化”。要创造幸福生活，人需要激发求知欲塑造自己。塑造自己是人所具有的最重要的可能性，也是人实现生命价值、获取幸福人生的内在保证。学习是人塑造自己的基本方式，成长和完善是塑造自己的主要体现。学习和成长是人的基本生存方式，也是人获得幸福、享受幸福的基本途径。教师创造幸福生活的一条重要途径是不断学习和成长，在学习中改变自己，实现生命的充实与完善。《论语》中说：“朝闻道，夕死可矣。”

我们再看“外化”。幸福的教师课前有期望，盼望进教室，盼望见到自己亲爱的学生，盼望去实践具有创造性和超越性的教学设计；幸福的教师课中有创造，在教学过程中能胸有成竹、得心应手地回应教育事件和创设教学情境，能创造性地、高质量地完成教学任务；幸福的教师课后能审美（包括对自身能力和发展的审美，对教学劳动过程的审美和对劳动效果的审美），对课堂教学回望和审视，能获得课堂教学结果符合期望的愉悦和温暖体验。幸福的教师生活来源于创造性的劳动和对创造性劳动的审美性体验。创造越大，快乐越多，“大创造、大突破、大快乐；小创造、小突破、小快乐；无创造、无改变、无快乐”，如果没有创造和超越，那就是苏霍姆林斯基所说的“单调枯燥”的生活。教师追求幸福生活，需要敢于创造、善于创造，在创造中体现自己的价值，从而更充分地实现生命的意义。

2. 以有选择、有实效的研修活动提高教师的积极性

我们对有效研修的内外条件有如下认识（如图 12）：多样的研修方式和途径为参与主体的自主选择提供了可能；选择性不仅是尊重参与者的基

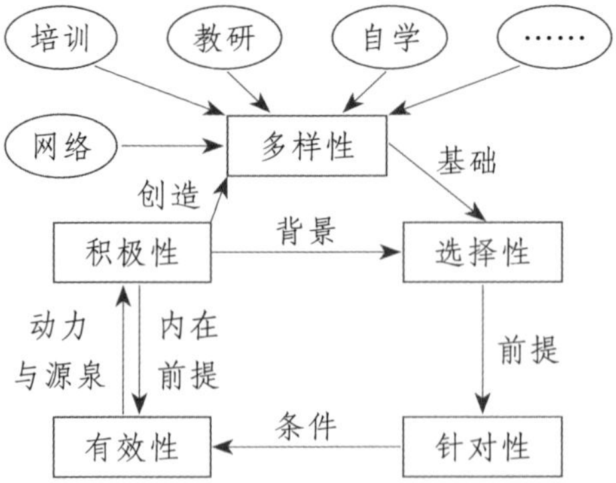

图 12　有效研修的内外条件关联图

本要求，也是提高研修针对性的前提；针对性又是有效性的条件；只有研修活动具有有效性，中小学教师参与活动的主动性和积极性才可能被有效激发；教师具备参与研修的积极性和主动性以后，研修活动才能从“控制”走向“解放”，实现从统一规定的集体培训转变为教师自主选择的针对性研修；教师参与研修的积极性和主动性既是构成教师自主选择的背景，又是丰富选择性所期望达到的目标。当积极性和创造性被激发以后，教师又将主动发现和创造出更加多样有效的研修途径与方式。

3. 引导教师以自我审视的方式发现变化，增加继续学习的热情和积极性

若付出后有收获，能看到成长，能体会到学习带来的帮助，教师的积极性也会显著提高。观课议课致力于引导教师将审视和欣赏的目光转向自身，从成长带来的变化和收获中获得继续学习的动力。教师可以从以下几个方面对自身进行检视。一是看教学的合理性增加没有，教学的有效性增加没有。教学的合理性、有效性的增加反映了教学投入和产出的变化，表现为教学效率和质量的提高。二是看教学自觉性增加没有。教学自觉性增加表现为教师积极主动地追求教育和教学的意义，追求更有质量和更有意义的教学生活。教学自觉性增加意味着研究开始成为教师的一种新的生活方式，研究性教学将成为教师新的教学方式，教师则由经验型教师转变为研究型教师。三是看教学效能感增加没有。教学效能感增加表现为教师的教学自信心的增加，它将使教师更加积极主动、满怀信心、充满活力地进行创造性劳动，并享受由创造带来的幸福生活。

（三）促进教师专业发展自组织的形成

1. 进行“需要”管理，促进自组织的形成

以系统科学的视角，从静态看，组织是系统的有序结构；从动态看，组织是有序结构的演化和形成过程。德国物理学家赫尔曼·哈肯

（Hermann Haken）把组织分为他组织和自组织：如果一个系统靠外部指令而形成组织，就是他组织；如果系统中的各部分按照相互默契的某种规则，各尽其责而又协调地、自动地形成有序结构，组织力量来自自身，就是自组织。

美国课程理论家小威廉姆·E. 多尔在《后现代课程观》中说："如果后现代教育学能够出现，我预测它将以自组织概念为核心。"[①] 形成自组织是教师专业成长的变革道路。促进自组织的形成有以下思路和策略。

一是对教师的专业成长进行"需要"管理，包括"需要"发现、"需要"引导和"需要"满足。走向自组织的"需要"管理应引导教师为幸福生活而努力实现专业成长，引导教师认识专业成长的法律义务和伦理责任，引导教师体验和收获成长与进步的快乐，让教师专业发展更加自觉。二是让教师能够自我选择，让教师专业发展更加自主。相关研究证明，有自主决定权的人内部动力要高于没有自主决定权的人。把专业发展的内容和专业成长方式的选择权还给教师，是提高其积极性的有效途径。三是引导教师研究自己的专业成长。学校应对教师进行研究自我、发现自我的指导，帮助教师主动寻找更专业、更科学的专业成长途径，让教师专业发展更有成效。四是以"修养"的方式实现专业成长，让教师专业发展指向自我完善。修以期其粹美，养以期其充足，修养是自我完善、自我丰富的过程。修犹切磋琢磨，养犹涵育熏陶。"切磋琢磨"是指人自身的改变："切"让我们发现、认可、看重自己，成为自信、自重、自爱的人；"磋"帮助我们改掉毛病，成为纯粹的人、成为好人；"琢"让我们成为有用的人、专业的人；"磨"帮助我们更加完善、更加高明、更加理想。而"涵育熏陶"是指人与环境的相互作用、相互影响：一方面教师需要认识、理解、接受学校文化；另一方面教师又要以积极的方式、向上的力量建设教育环境，回馈教育环境，与教育环境协调一致，达到彼此共生共荣、共同发展的目的。

---

① 多尔. 后现代课程观 [M]. 王红宇，译. 北京：教育科学出版社，2000: 232.

2. 人因思而变

教育实践本身具有易变性、不确定性、复杂性、模糊性等特点。基于对实践特点的理解，观课议课提出：教育真理具有境脉特征，教育教学总是在一定的时间和空间中进行的。“境”主要指教育教学的空间性，在不同的空间中，有不同的人、不同的事、不同的情形、不同的境况，处于不同的关系状态中。“脉”主要指教育教学的时间性，每一次教育教学都处于时间的河流中，它是对过去的继承和延续，也是面向未来的一次选择和发展。境脉特征要求我们要基于时空差异、情境差异来研究教育、实践教育。观课议课者交流时要先描述情境，使讨论针对情境、针对现象，同时要围绕课堂现象和事实展开讨论，不要一开口就用“我觉得这节课怎么怎么样”进行评论和判定。

教学是需要专业思考的活动，教师需要在有质量的思考中学习思考，提高专业思考的水平。在课堂上，教育要通过学生积极主动的思考来实现。促进教师专业发展，更有效果的做法不是为教师提供作为结果的思想，而是引导他思考，促进他思考。观课议课有一个乐观的假设：如果教师们都在积极主动地发现和研究更合理、更有效的教学实践，那教师的专业发展和课堂教学改革就会有一个理想的未来。

人因思而变的思，一是指“自思”。“自思”一是可以用于观察自己的课堂教学，二是可以用于观察他人的课堂教学。观察他人的教学，不仅要发挥教育洞察力，“入乎其内”，研究和理解他人，而且要发挥教育想象力，“出乎其外”，进行创新型思考，在思考中理解教学、创新教学。

二是指“促思”。2010 年，我到山东省淄博市博山区实验学校交流。时任校长杨玉菊对我说：“我在这所学校从教师做到教研组长，从教研组长做到教导主任，从教导主任做到分管教学的副校长，又在校长岗位上干了十多年，学校里每位教师的课我至少听过三节。我指出他们的优缺点、指导他们改进教学就像点穴位一样，一点一个准。但从今以后，我不会再这样做了。我会准备三个问题问教师——‘某老师，你为什么这样教今天这节课？’‘除了这样教，你还考虑过哪些教法？’‘以后若再让你上这一课，你会在哪些方面做出调整？’我会引导教师对这三个问题进行思考，培养他们思考和研究教学问题的习惯。”指出优点和缺点是提供思想，询问是促进思想，观课议课主张从提供思想走向促进思想。“促思”的意义在于：引导教师围绕有价值的教学问题进行思考，培养其思考的习惯，这比单纯提供一个处理方法更有质量和效益；教师有专业判断与选择的能力，应该承担专业思考与研究的责任，“授人以渔”比“授人以鱼”更值得追求。同时，“促思”还有一种境界上的改变，那就是参与者不要去表现自己，而要努力去成就别人，不要显示自己是专家，而要促进他人成长为专家。《道德经》说：“上善若水，水善利万物而不争。”

但是，“促思”不是不表达自己的意见，而是要在了解别人的意见之后再发表意见，这样提出的意见会更有针对性，更容易为对方所接受。同时，观课议课还提倡在别人提问以后对其进行反问。比如，对“你为什么这样教”做出诚恳回应后，你可以询问“你有什么意见和想法”；对“除了这样教，你还想过怎么教”做出诚恳回应后，你可以询问“你还想到或者实践过哪些方法”；对“如果再让你上这一节课，你会做出什么样的调整和改变”做出诚恳回应后，你可以请教“对我以后的教学，你有什么更好的意见和建议”…… 以此形成对话和讨论，将议课引向“共思”，促进我们对教学的探究。

3. 用好“经验 + 反思”的成长方式

观课议课对乔治·J. 波斯纳提出的“教师成长 = 经验 + 反思”进行了富有实践意义的研究与解读。经验用作名词，是指人们经历某件事以后获得的知识和技能；经验用作动词，是指人们获得知识和技能的过程。人的行为可能是主动的行动，也可能是被动的应对，主动的行动和被动的应对会带来一定的结果。行为和结果构成了经历。经历不等于经验，我们要从经历中获得经验，将经历转化为经验，我们需要发现行为和行为结果之间的关联。获得经验的一种有效途径和方式是对经历进行反思。我们获得经验后不是将它束之高阁，而是用它来指导未来的教学，这样，经验就对未来的教学有了意义。发现行为和行为结果之间的关联，用获得的这种关联设计和规划未来，这是一种“获得经验之思”。

有些从业二十年的教师未必会教书，其原因就在于尽管他们有形成经验的丰富材料——教学行为和学生学的结果，但他们缺乏建立行为和结果之间联系的主动性。由于缺乏“获得经验之思”，他们既没有从教学经历中获得教的知识和技能以改进自己的教；也没有从对学的思考中获得帮助和指导学生学的经验。教师需要主动进行“获得经验之思”，“千金难买回头看”，这是教师成长的一个重要条件。

经验是基础，十分重要，但未经反思的经验可能是肤浅、狭隘和错误的。反思是对经验的思考，目的在于审视和批判经验，使经验变得更加合理而有效。如果把“天不过井口那么大”看成青蛙的原有经验，要修正这一经验，青蛙自己跳出井口观察天空，不失为一种有效的方法。青蛙想到跳出井口的方法，小鸟是推动者，是小鸟说的“天大得很”引起青蛙对原有经验的怀疑和批判。小鸟是青蛙新经验的提供者。促进青蛙反思需要小鸟的帮助，需要不同经验的刺激和对照。要修正原有的经验，教师需要寻找自己的“小鸟”。要促进他人修正经验，我们就要成为善于促进他人反思的“小鸟”。这提供了教师合作研究、共同研究以实现专业发展的理论基础。

经验用作动词时，经验的对象是行为和行为结果，经验的目的是认识它们之间的关系和联系；反思的对象则是经验，反思的目的在于获得更加合理的经验。教师获得经验的努力和过程为其带来经验的量的增加，教师反思的过程和实践又为其带来经验的质的改变和提升。

对乔治·J. 波斯纳总结的教师成长公式的实践性解读，不仅为观课议课的人因思而变提供了思考的对象，而且从理论上回答了观课议课“自思”“促思”“共思”的意义和价值。

（四）提出以学论教的理念与实践方案

教学的根本目的在于促进学生的学，实现学生的学。观课议课提出了以学论教的理念和实践方案。

1. 以学论教追求“三好”教学

观课议课提出了基于学生学的“三好”教学目标与框架。

（1）从状态看，学生好学

学生在教学活动中表现出高投入和较长持续时间的身心参与，有较高的学习热情和积极性。让学生好学，可以从以下几方面入手：让学生意识到学习内容的价值；实施灵活多样的教学方式；让学生有机会参与，在参与中获得存在感；提高教师的素养，赢得学生的信任和喜爱；等等。

（2）从学习过程看，学生在好好学

教学过程是真实的，学生在深度学习、有质量地学习。促进学生好好学习，可以从以下几方面入手：组织学生进行比较紧张的智力活动和有价值的情意活动；引导学生合理利用学习策略；引导学生有效利用教材、网络等学习工具和学习资源；引导学生科学用脑，在时间和难度上要把握好，做到张弛有度。

（3）从学习结果和影响看，学生能学好

首先，要立德树人，“养子使作善也”；其次，要让学生学会学习，达到“教是为了不教”的效果；再次，让学生对本节课的教学内容有比较好的理解和掌握；最后，促进学生对所学知识进行实践和运用，转识成智，形成自己的核心素养。

2. 坐在学生的身边，观察和研究学生

坐在学生的身边以后，我们要完成以下任务：一是与学生建立信任接纳关系；二是关注和研究学生学习的基础和准备、需要和困难、状态和方法、收获和进步等；三是不仅要走近学生，而且要“走进”学生；四是给授课教师当助教，帮助和指导学生学。

坐在学生的身边以后，我们就要把观课的重点从教师身上转移到学生身上，将关注重心从教学活动转移到学习状态，从教育过程转移到学习过程、课堂情境上，更多地关注课堂中的关系（师生关系、教学关系、同学之间的互动关系）和联系。从活动到状态，意味着反对教学中的形式主义，提倡和追求有效教学；从过程到情境，意味着不仅要关注教师的教学预设，更要关注课堂教学中的种种事实，关注教师的实践智慧。从要素到关系，意味着不是关注单项的教学技能，而是关注技能的运用，关注运用教学技能的环境，关注技能运用在教学关系中的意义和价值。

3. 以学论教的议课路径

教学的路线是“教育假设—教学设计—教的行为—学的行为—学的效果”。提倡以学论教的观课议课采取反向路线，主要从研究学生学的效果和学的行为入手，讨论教师哪些教的行为是有效的，并通过对话和反思理解原有的教学设计及其背后的观念。教师根据效果和他人的经验修正原有经验，在获得更有价值和意义的经验后，以新经验（假设）开始新一轮教学，新的教学设计带来新的教学行为，实现新的教学效果。

（五）完善观课议课的主要实践路径

1. 促进实践反思走向深入

基于实践反思的对话交流，是对现有教研活动的改造与升级。若授课教师说“我觉得这个地方不理想”，观课议课主张进一步讨论“为什么觉得不满意”“是什么原因导致的”“下一次可以怎么办”。而如果授课

教师说“我对这个地方比较满意”，观课议课主张分析与讨论“为什么觉得满意”“原因是什么”“有哪些促进成功的因素可以用于未来的教学实践”。

基于实践反思的对话交流对参与者提出了如下要求：不敷衍了事，反思和对话要真诚且基于证据；要承担思考和研究的责任；要从描述现象走向反思研究，把教学经历转化为教学经验。以这样的要求推动实践，可以实现教研活动从自说自话走向碰撞对话，从碰撞对话走向自我对话，从他人提问走向自我提问，培养出主动进行教学改进、追求专业发展的反思型教师。

2. 用案例研究的方法进行随机研究

从现场到问题的案例研究具有教研性。比如，若观课教师上午 8 点半到一所学校，授课教师 9 点上课，此时距上课只剩下半小时，观课教师最好不要再和授课教师做过多的交流讨论，否则可能会打乱授课教师的节奏。走进教室之前，观课教师没有明确的问题聚焦和指向，观课活动也没有预先的规划和计划。在教学现场，观课教师可能会发现一些特别有讨论价值的课堂现象，找出有讨论意义的教学故事，这种蕴含教育启示、教育疑难问题的现象和故事就是教学案例。挖掘出教学案例后，议课的任务就是抛出这些案例，然后对案例蕴含的启示、疑难问题进行交流、讨论和研究，从中提炼出教学的经验，解开认识上的疑惑，解决实践中的问题。从对授课教师的帮助来看，观课议课的案例研究致力于帮助授课教师把想做的、做过的事情做得更好。

3. 用行动研究的方法进行计划研究

从问题到现场的行动研究具有一定的科研性。在实践中，若时间相对充裕，观课教师可以和授课教师围绕“课堂观察重点要解决什么问题”“针对这些问题，授课教师在课堂上准备采取哪些手段”等角度进行交流。这样观课教师在走进教室（现场）之前，就有了明确的问题指向和观察方向。从对授课教师的帮助来看，观课议课的行动研究致力于帮助授课教师研究想要解决的问题，并和授课教师一起研究。

2007 年 5 月，《四川教育》的编辑约请我到四川省绵竹市紫岩小学，参加由罗国敏老师执教人教版小学语文三年级下册《太阳是大家的》的观课议课活动。这次活动是一次观课议课的行动研究。活动的参与者在 2007 年第 7 期的《四川教育》上集中发表了《研究主题来自实践的困惑》《观课不能仅停留于关注教学环节》《教学智慧在“研究”中共生》《在议课中跨越》4 篇研究成果。

4. 学校和区域推进观课议课的步骤

学校和区域推进观课议课可以采用以下步骤：分析教研现状，使教师形成和产生教研变革需要；观课教师变动观课位置，学习和学生建立信任关系，进行学习观察与研究；构建教学案例，基于学生的学习状态、学习活动和学习效果进行观察研究，尝试讲好课堂上的教学故事，有了讲故事的基础以后，观课者可以尝试把故事转化为蕴含困惑和问题的教学案例，使故事具有研究价值，以引起其他观课教师解读故事、对话讨论的兴趣；组织对教学案例进行讨论，实施从现场到问题的案例研究；进行观课议课的行动研究；运用观课议课推动学校整体教学改革，推动学校发展。

（六）用观课议课推动课程变革

1. 学校和教师用课程促进学生发展

学生发展受多种因素影响（如图 13 所示）。在影响学生的各种因素中，教育的作用是帮助他们，而不是塑造他们；教育的目的不是提供人才，而是为人才的成长创造条件、提供支持，教育的生产性体现在创造促进学生成长的环境和条件，让学生在好的教育环境中获得成长和进步；学校和教师不是直接“加工”、塑造学生，而是借助课程这一中介影响学生。

图 13　影响学生发展的因素

不同的课程实践者，都需要参与构建课程的操作性定义。学校课程是学校组织成员创设的教育环境和学习活动。其中，教育环境为人的发展提供某种可能性，学习活动将这种发展的可能性转化为发展的现实性。

课程实践是组织成员对学校教育环境、学习活动的加工和创造。课程实践的主要途径之一是对进入学校的课程资源（比如进入学校的各种课程诉求、课程标准、教材等）进行理解、选择、组织和转化；主要途径之二是开发、利用其他相关资源，创造新的课程经验，设计、组织、引导和创生新的教学活动。课程实践的目的之一是使课程更加有效地促进组织成员的发展。在学校，课程实践有校本化和师本化两种加工处理层次。

提高学校和教师的课程实践水平，首先，需要强化学校组织成员（这里主要指学校管理者和教师）“课程是我们的产品”的观念，增强其自觉意识，提高其参与积极性；其次，需要不断帮助他们澄清自己的教育哲学（这里的教育哲学就是对教育的根本问题进行终极追问并形成认识和见解），以更加清晰的教育哲学指导课程开发；再次，需要以反思性实践的方式，在开发学校课程的过程中提高组织成员的课程加工和创造能力。

基于对教育环境、学习活动的课程理解，观课议课研究和提供了教师与学生的课程关系图（如图 14 所示）。课程关系图可以指导教师的课程开发和实践，也为课程的观察和研究提供了框架与依据。

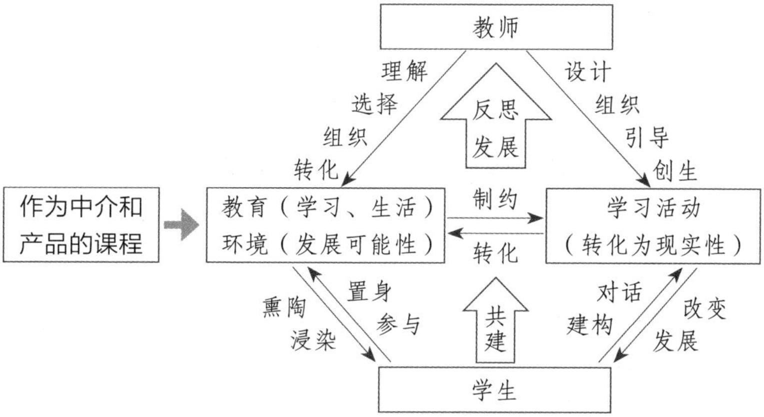

图 14　教师与学生的课程关系

2. 理想课堂的愿景与要求

我从 2007 年开始研究理想课堂，2007 年 5 月中国轻工业出版社出版了我编著的《建设理想课堂：新课程课堂教学的反思与改进》一书。我持之以恒，在 2013 年出版的《幸福教育与理想课堂八讲》一书中勾画了理想课堂的愿景：理想课堂要改善学生在课堂上的存在状态，提高学生的学习生活质量，让学生经历美好的课堂生活，不仅让学生“学得好”，还要让学生“过得好”；理想课堂要改善教师在课堂上的生活状态，创造教师的幸福生活；理想课堂要对教学内容做有价值的选择和改造，培养学生的核心素养，为学生幸福生活奠基；理想课堂要选择合适的教学手段和方式，实施有效教学。

理想课堂的基本要求包括：建立良好的教学关系，尊重学生、接纳学生、信任学生、激励学生，保护学生的好奇心和创造性；有清晰明确的教学内容；对学生来说教学内容具有合理性和内在的感召性；教学内容具有逻辑性、关联性、递进性、结构性、发展性；把课堂还给学生，教师尽量少讲或不讲；学生在活动前明白学习活动的对象、要求、方法；课堂氛围、学生的学习方式与教学内容的性质、教学目标的实现相匹配；学习活动对多数学生构成了让其适度紧张的能力（智力或体力）挑战；教师对学生的评价指向学生学习的态度、行为和方法；学生有总结、审视和感受自己成长变化的机会。

3. 有效教学是有效果、有效益、有合适效率的教学

有效教学是有效果的教学。有效果意味着教师讲的话学生愿意听，学生愿意按照教师的指示去行动。教师实施有效果的教学需要以“师爱”为前提，以“师能”和有价值的引导为基础，同时还要以“师表”作为引领。有效教学是有效益的教学。所谓“有效益”，是指对学生的终身发展有益处、对社会进步有贡献。追求有效益的教学，强调教学内容、教学目标的合理性追求优先于教学手段和方法的有效性选择。衡量教学的效益要“风物长宜放眼量”，办教育、搞教学要胸怀天下，要有大视野、大境界，要看远一些、宽一些，要有一定的使命感和责任感。

有效教学是有合适效率的教学。教学效率 = 学生围绕合理的教学内容进行比较紧张的智力活动和有价值的情意活动时间 / 教学投入时间。教学效率的高低并不取决于教师是否获得了某一个事先预设的结果，而取决于教师是否在有质量的教学过程中，让学生通过比较紧张的智力活动和有价值的情意活动实现了成长和变化。有效教学来源于高品质的学习过程，强调以高品质的学习过程促进学生有效学习。

（1）提高教学效率的基本理念

第一，优先考虑教学内容的合理性。与怎么教相比，教什么更具有优先性。近年来，世界各国的研究者研究核心素养，其目的也是优先关注教学内容本身的合理性和价值。我们思考教什么要回到学生的角度。“狭义的学生是指在学校里，在成人、同伴的帮助或影响下，学习生存的本领，获得生活的智慧，体验生命的意义、价值和尊严的人。”[①] 所以，我们要选择关于生存、生活、生命的内容来教；同时教学内容要有一定的

① 陈大伟. 为学“生”而教 [N]. 中国教师报，2019-01-02(15).

难度，要走在学生发展的前面，对学生现有能力和水平形成一定的挑战，这是考察教学内容合理性的主要标准。

第二，以“登山课程”而不是“阶梯课程”的理念考量教学。教学效率的高低不是取决于是否实现了某一个预设的目标，而是取决于是否引导学生朝着某个方向发生了改变和获得了进步。教学不是用一个外在的、统一的标准去要求不同的学生接受“阶梯课程”，而是要尊重学生的差异性，以“登山”的方式促进学生发展、实现学生进步。

第三，借助比较紧张的智力活动和有价值的情意活动实现“登山”的目标。人因思而变。学生的学习活动应该以心智活动为主，教学的主要任务是提高学生的心智水平，教学应该以引起和促进学生心智活动为起点，以追求学生心智水平的提高为目标。教学要触动心灵、发展智慧，所以教学活动的设计和展开要服从于、服务于这个主要目标。

第四，教师成为思想促进者。教师要由思想提供者转变为思想的促进者和提升者，教学的过程要从提供思想转向促进思想。

（2）提高教学效率的思路

第一，减少教学时间的投入。追求有效教学要考虑减少教学的时间投入、物质投入和经费投入。教学中最大的投入是师生的时间投入，时间投入意味着生命投入，教学中最大的节约是对时间的节约，而最大的浪费是对时间的浪费。减少时间投入的最有效的方法是提高时间的使用效率，力争每一个教学行为都对学生的发展有意义和作用。

第二，激励学生参与。高效率的课应该是学生喜欢的课。学生喜欢，意味着学生有兴趣、有热情，参与程度高，愿意付出努力和克服困难。教师要着力营造宽松有序的课堂环境，让学生成为教学活动的中心。

第三，关注学生智力活动时间所占比例与品质。教学应着眼于为学生提供有一定难度的学习内容和学习活动，调动学生的积极性，使其参与学习思考，发挥潜能，以实现真实学习、深度学习。

第四，面向尽可能多的学生。有效教学关注每一位学生，追求尽可能多的学生的进步和发展，强调并关注更多学生进行比较紧张的智力活动，同时重视建立教师与学生之间的“学习共同体”——教师和学生是“同学”，应该做到教学相长。

（3）有效教学的实践路径

第一，先学后教，自学领先。先学和自学立足于培养学生的学习责任，让学生意识到，学习是自己的事。面对学习任务和遇到的问题，学生必须承担自己的学习责任。先学的实践锻炼可以培养学生不等不靠、不依赖别人的学习习惯，并使其在先学中尝试和寻找解决问题的方法。先学和自学可以让学生的学习变得有准备，满足学生更有质量地参与后续学习的需要。指导学生自学可以从以下三个方面入手：一是引起学生先学和自学的好奇心，提高其先学和自学的兴趣和热情；二是告知学生学习内容的重点和要点；三是给予学生方法和策略上的指导。备课（或称教学设计）的核心是“备学”，是思考如何促进学生更好地学。我们要通过精心选择和组织学习材料，精心设计和组织学习活动，让学生在具有挑战性的智力活动中收获探究和成长的快乐。

第二，不会才教，以教导学。教学的第一道功夫是调查了解学生。学生已经会的内容，可以让学生对其进行分享交流，因为交流本身就是一种学习方式。教师要对学生交流的内容进行倾听、引导和总结，注意还要有所升华。学生不会的内容，可以开展小组合作；需要教师讲解指导的，教师再讲解指导。教是为了不教，教学的重要任务是教会学生学习。学会学习不仅意味着我们要摸索适合自己的有效的学习方法，获得持续的学习动力；而且意味着我们要有终身学习的愿望和兴趣，养成良好的学习习惯，并能不断体验学习的成功和快乐。我们要牢记不会才教、以教导学的三个关键词：了解、指导、导学。

第三，注重优化，体验快乐。孔子说：“学而时习之，不亦说乎。”“说”通“悦”，是喜悦、愉快的意思。喜悦是因为“习有所得”，即在复习和练习中有所收获，有新的体验、新的感悟，并且在收获、体验、感悟中意识到了自身的成长和变化。从这个意义上讲，注重优化是为了“习有所得”。这里的“所得”不仅仅指知识和技能的获取，愉快的时光、同伴的友谊、视野的开阔、内心的丰富和充实、自我的认同和实现，等等，都是重要的“所得”。教学要使学生原有的经验得到合理的修正和提升，使学生在课堂上习得的内容更加丰富、精致和深入，并具有面向未来和生活的广阔空间，发挥经验对未来生活的指导和影响作用，这是对经验内容的优化。同时，要促进新经验与原有经验建立联系，使之具有结构性和体系性的特征，这是对经验结构的优化。经验的获得和修正是一个过程，在这个过程中，我们难免会有失败和错误，也难免走弯路和遭遇挫折，对经验方法的优化就是对获得和修正经验的过程（包括思路、路径、策略和方法）进行审视和反思。

把上述三个环节联合起来，就形成了有效教学的基本路径：学生有效先学和自学—学生展示分享学习成果—师生对话交流共同的困难和问题—优化改造学习经验—体会感受学习喜悦。基于有效教学的基本路径，观课议课针对现有教学结构提出了改进设想（如图 15 所示）。

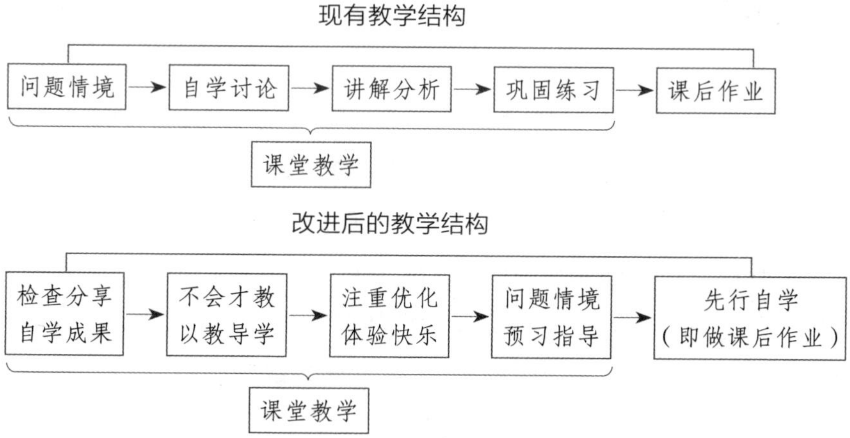

图 15　基于有效教学路径的教学结构变革

三、相关概念、基本理念与研究体会

（一）实践观课议课需要深化的相关概念

哲学家路德维希·维特根斯坦（Ludwig Wittgenstein）说："每天早晨，你必须重新掀开废弃的碎砖石，触摸到翠绿的、生机盎然的种子。一个新词就像一粒播下的种子。"[①] 印度哲学家吉杜·克里希那穆提（Jiddu Krishnamurti）则说："思想往往会形成概念，然后人就按照这些概念而活。"[②] 观课议课研究的首要成果是原创性地提出了"观课议课""教育假设"两个概念，别开生面地解释了相关的重要概念，以此奠定了观课议课的研究观念、内容、方法的基础，构造了整个研究体系。

1. 观课议课

观课议课是一种参与者相互提供教学信息，共同感受和收集课堂信息，在充分拥有信息的基础上，围绕共同关心的问题进行对话和反思，以改善课堂教学、促进教师专业发展的研修活动。它本身提倡平等、民主、研究和合作的教师与教研文化。基于促进教师专业发展的核心目标，我们可以从以下角度理解观课议课：从定位来看，观课议课是以课程为对象、以课堂为载体的有关教师专业发展的理论与实践；从发展内容来看，观课议课关注全人型（信念与积极性、思维与选择、行为与效果等）的

---

① 维特根斯坦. 文化的价值 [M]. 钱发平，编译. 重庆：重庆出版社，2006: 3.

② 克里希那穆提. 世界在你心中 [M]. 胡因梦，译. 深圳：深圳报业集团出版社，2007: 5.

教师发展；从发展方式与途径来看，观课议课强调以教师为本，促进专业发展走向自组织；从实践效果来看，观课议课简便易行，已经得到了一线教师的广泛认同。

2. 教育假设

教育假设是另外一个值得重视的概念。教育假设蕴含了教师知识的开放性和发展性，“虚践”的必要性和专业性，课堂教学的动态调整性，以及教学活动的反思性。它提供了评价教师专业生活的重要依据，也提示了教师专业发展的新内容。教育假设提示我们要关注教师认知、教育思维等教师教学生活的实践智慧。

3. 学生

观课议课对学生有如下认知。第一，“狭义的学生是指在学校里，在成人、同伴的帮助或影响下，学习生存的本领，获得生活的智慧，体验生命的意义、价值和尊严的人。”① 这揭示了观课议课指向学生生活、促进学生成人的目标，揭示了培养学生核心素养的主要任务。第二，“学‘生’意味学习‘生长’，教育意味着教学生‘生长’。”② 这提示了观课议课应遵循学生身心发展规律，教育不是“塑造”而是促进，教是为了不教。第三，“促进学生生长的条件要有一定的‘生疏感’和‘陌生感’。”③ 这提示了教学活动需要对学生当下的水平和能力形成挑战，教学要尽力让学生“跳一跳”；适当的新异性产生吸引力，比较紧张的智力活动为发展和改变提供基础。

4. 文化

从过程看，文化的实质就是找到美好的、值得追求的东西，然后用这样的东西去影响人、改变人，使人变得美好。观课议课用文化的思想、

---

①②③ 陈大伟. 为学“生”而教 [N]. 中国教师报，2019-01-02(15).

文化的方式、文化的工具改变人，而且课程就是文化，是通过选择更有价值的内容与活动实现对学生的影响。

（二）观课议课坚守的基本理念

1. 教师用课程育人

学校和教师不是直接塑造学生，而是借助课程这一中介影响学生。学校课程是学校组织成员创设的教育环境和学习活动。教育环境为人的发展提供了可能性，学习活动将发展的可能性转化为发展的现实性。课堂是课程育人的主要场所。

该理念的研究和实践意义：引导学校和教师把主要精力用于创设适合学生发展的教育环境，组织学生参与有发展意义的学习活动；以课程质量而不是分数评价学校和教师，为切实减轻学生负担提供理论依据；我们可以由此提出课程观察、研究的视角和改进的方式。

2. 教师是自决和自为的专业工作者

该理念的研究和实践意义：教师既要受到尊重也要自我尊重；教育实践是自我选择，人因思而变；教师发展主要是自我塑造，专业发展应走向自组织；教学和教研要从提供思想转向促进思想。观课议课主张多用问句，用“你为什么这样教”来促进彼此的理解与接纳，用“这样教的效果和影响如何”进行价值澄清，用“追求更理想的教学，可以有哪些选择和尝试”引起探究与讨论。

基于自组织的教师专业发展策略：①对专业成长进行需要管理。②让专业成长成为自我选择。③引导教师研究成长，用专业的方式获得成长。④研修要重“修”，要重专业成长。

基于人因思而变的理念和实践变革：①从提供思想到促进思想。②思之方式有自思、促思和共思。③议课多用价值澄清的方法。

3. 实践中的教育真理具有境脉特征

该理念的研究和实践意义：教师需要运用和修炼“择宜”素养；观课议课优先进行情境研究、关系研究，主要采用案例研究的方法；议课时要“毋意，毋必，毋固，毋我”；教育实践活动要权变，要因人、因教学材料、因教学情境做出调整；观课议课也要权变，要针对不同情形和对象调整交流的内容和方式。

4. 幸福是一种能力

该命题的研究和实践意义：幸福需要教育，教育需要幸福；幸福是观课议课的目标，也是观课议课的手段和前提；教师有“内化”的幸福，也有“外化”的幸福。“内化”增长能力是幸福，“外化”实现能力也是幸福。从“外化”来看，幸福的教师课前有期望，课中有创造，课后能审美。基于幸福生活的需要，教学需要创新，观课议课鼓励和支持教学创新。

5. 坚持以学论教

该命题的研究和实践意义：观课议课要从研教走向研学；教师在观课时要寻找有关学生学习的状态、学习的方法、学习的效果与影响的证据，议课要围绕学习的证据展开；通过观课议课，教师要重新认识学生的学习规律，调动学生学习的主动性，追求更高质量的学习活动，实现学生更高质量的发展。

（三）观课议课的研究体会

余慧娟老师在2006年第22期的《人民教育》上对观课议课文化有这样的点评：“教研文化的变革的确会是一个漫长的过程。它一方面需要居于优势地位的人具有‘平等’意识，具有对教师作为专业主体的尊重。陈大伟就在尝试这样一种角色。他试图将他所创立的‘观课议课’观念及文化普及中国大地，他到处去讲学，认真观课，组织教师议课（而不是评课），注意保护教师的自信心和成就感，甚至自己去上课。……倘若更多类似（不局限于网络）的教研文化氛围得以萌生，这将不只是教师的福祉，更会是教育乃至民族的福祉。”① 观课议课被选入《人民教育》“创刊60年来报道过的最有影响力的事件”以及《中国教师报》课改20年特刊中的《20年，那些影响教学改进的概念》。回顾观课议课的研究历程，我希望与大家分享以下研究体会。

1. 始终坚持以人为本

观课议课的研究抓住了根本，坚守了教育初心：始终将观察人、理解人作为前提和依据，坚持以人为本的价值追求和实践变革理念；关注教师和学生的幸福，致力于提升教师的幸福感，改善学生的生活状态。观课议课的研究关注人的主观能动性，相信教师、尊重教师，促进自组织的形成；关注人的丰富性和完整性，知行统一，整体发展；关注人的阶段性和差异性，强调实践时的权变意识，把师生关怀落到实处。观课议课的研究强调尊重教师的专业自主和发展权，注重引导教师承担专业发展和专业实践责任，让教师在参与有质量的教研过程中得到发展。

2. 不仅关注“技”和“术”，更要用文化的“道”推动

文化是用更有意义、更有价值的东西影响人、改变人。观课议课用“幸福是一种能力”促进教师参与；用“让我们一起变老”“同在共行”促进互助；用“己所不欲，勿施于人”促进宽容；用“己欲立而立人，己欲达而达人”促进成全；用“倾听是一种关怀”促进倾听；用“教育需要想象力”创造幸福生活；用“上善若水”引导参与者与人为善、成就他人、包容不同……

2009年，在第三届观课议课研讨会上，陕西省西安市未央区西航三

① 余慧娟．“网络议课”的文化意义[J]. 人民教育，2006(22): 36.

校的与会代表介绍说，组织了几年观课议课活动后，学校里的教师“与学生相处时少了一分急躁，多了一分宽容和等待，懂得和习惯了一个世界有多种声音”“与同事相处时少了一分挑剔，多了一分相知和欣赏，了解彼此，知道自己的成长离不开同事的陪伴与支持”“与家长相处时多了一分默契，知道只有将心比心、换位思考、平等对话，才能达到与家长相互沟通、相互配合来教育孩子的目的”。观课议课使“教师的心胸变得宽广了，心情变得舒畅了，教育教学水平提高了。教育生活的幸福溢满教师的心房”。观课议课发挥了文化的作用，体现了文化的力量。

3. 采用深耕和身体力行的方法

24 年来，观课议课的研究者坚持扎根实践，在实践中发现问题，与一线教师“同在共行”。他们不仅努力研究如何有效地改变教师，也努力在研究中实现自身发展。观课议课的研究策略是边研究边实践、边推广边验证。观课议课扎根实践的大地，未来力争真实而有效地对教育形成更大范围的影响。